本书出版得到国家自然科学基金面上项目"中国健康保险欺诈：理论分析与实证研究"的资助（项目号：71273148）

上市公司高管团队对公司绩效的影响研究

郑 蕾 著

Research on the Relationship between Corporate Performance and Top Management Team

中国社会科学出版社

图书在版编目（CIP）数据

上市公司高管团队对公司绩效的影响研究/郑蕾著.—北京：中国社会科学出版社，2019.6
ISBN 978-7-5203-2179-2

Ⅰ.①上… Ⅱ.①郑… Ⅲ.①上市公司—企业管理—研究—中国 Ⅳ.①F279.246

中国版本图书馆 CIP 数据核字（2018）第 043112 号

出 版 人	赵剑英
责任编辑	侯苗苗
责任校对	周晓东
责任印制	王 超
出 版	中国社会科学出版社
社 址	北京鼓楼西大街甲 158 号
邮 编	100720
网 址	http：//www.csspw.cn
发 行 部	010-84083685
门 市 部	010-84029450
经 销	新华书店及其他书店
印 刷	北京明恒达印务有限公司
装 订	廊坊市广阳区广增装订厂
版 次	2019 年 6 月第 1 版
印 次	2019 年 6 月第 1 次印刷
开 本	710×1000 1/16
印 张	12
插 页	2
字 数	181 千字
定 价	65.00 元

凡购买中国社会科学出版社图书，如有质量问题请与本社营销中心联系调换
电话：010-84083683
版权所有 侵权必究

目　录

第一章　绪论 ... 1

第一节　选题背景与研究意义 ... 1
一　选题背景 ... 1
二　研究意义 ... 4

第二节　相关理论及研究综述 ... 6
一　相关理论 ... 6
二　研究综述 ... 10

第三节　研究方法 ... 35

第四节　研究框架与创新点 ... 36
一　研究框架 ... 36
二　本书的创新点 ... 38

第五节　本章小结 ... 38

第二章　上市公司及其高管团队现状分析 ... 39

第一节　上市公司主要类型及产业选择 ... 39

第二节　房地产行业上市公司及其高管团队现状分析 ... 39
一　房地产行业上市公司特征分析 ... 42
二　房地产行业上市公司财务状况分析 ... 44
三　房地产行业上市公司高管团队特征描述 ... 47

第三节　信息技术行业上市公司及其高管团队现状分析 ... 51
一　信息技术行业上市公司特征分析 ... 54
二　信息技术行业上市公司财务状况分析 ... 55
三　信息技术行业上市公司高管团队特征描述 ... 58

第四节 制造业上市公司及其高管团队现状分析 …………… 61
    一 制造业上市公司特征分析 ………………………… 64
    二 制造业上市公司财务状况分析 …………………… 64
    三 制造业上市公司高管团队特征描述 ……………… 67
第五节 本章小结 ……………………………………………… 70

第三章 高管团队背景特征对公司绩效的影响分析与模型 ……… 71

第一节 影响因素分析与变量选择 …………………………… 72
    一 影响因素分析与自变量的选择 …………………… 72
    二 影响因素分析与控制变量的选择 ………………… 78
    三 因变量的选择 ……………………………………… 80
第二节 样本选择及数据来源 ………………………………… 80
    一 样本的选择 ………………………………………… 80
    二 数据的来源 ………………………………………… 80
第三节 数据的处理方法与程序 ……………………………… 81
第四节 影响模型建立 ………………………………………… 83
    一 面板数据和模型概述 ……………………………… 84
    二 一般面板数据模型介绍 …………………………… 84
    三 模型检验 …………………………………………… 89
第五节 本章小结 ……………………………………………… 90

第四章 基于影响模型的高管背景特征对公司绩效影响的实证研究 …………………………………………………… 91

第一节 房地产行业的实证研究 ……………………………… 91
    一 房地产行业高管背景特征与公司绩效的描述性
        统计 ………………………………………………… 91
    二 房地产行业高管背景特征与企业绩效的相关性
        分析 ………………………………………………… 93
    三 房地产行业高管背景特征与企业绩效的面板
        数据分析 …………………………………………… 94

第二节 制造行业的实证研究 …………………………… 102
  一 制造行业高管背景特征与企业绩效的描述性
    统计 ……………………………………………… 102
  二 制造行业高管背景特征与企业绩效的相关性
    分析 ……………………………………………… 103
  三 制造行业高管背景特征与企业绩效的面板
    数据分析 ………………………………………… 104
第三节 信息技术行业的实证研究 …………………………… 111
  一 信息技术行业高管背景特征与企业绩效的
    描述性统计 ……………………………………… 111
  二 信息技术行业高管背景特征与企业绩效的
    相关性分析 ……………………………………… 112
  三 信息技术行业高管背景特征与企业绩效的
    面板数据分析 …………………………………… 113
第四节 本章小结 …………………………………………… 120
  一 不同行业高管背景特征的描述性统计的对比
    分析 ……………………………………………… 120
  二 三个行业的相关性检验结果与面板回归结果
    之间的对比分析 ………………………………… 127
  三 三个行业高管背景特征的回归分析结果的
    对比分析 ………………………………………… 129
  四 高管引入机制的政策建议 ……………………… 133

第五章 高管团队激励机制对公司绩效的影响分析与影响
    模型 …………………………………………………… 138
  第一节 影响因素分析及变量选择 ………………………… 138
    一 影响因素分析及自变量选择 ………………… 138
    二 影响因素分析及控制变量的选择 …………… 141
  第二节 样本的选择及数据来源 …………………………… 142
    一 样本的选择 …………………………………… 142
    二 数据的来源 …………………………………… 143

第三节　数据的处理方法与程序 …………………………… 143
　　第四节　模型的设计 ………………………………………… 144
　　　一　多元线性回归模型 …………………………………… 144
　　　二　多元线性回归模型的检验 …………………………… 145
　　第五节　本章小结 …………………………………………… 147

第六章　基于影响模型的激励机制对企业绩效影响的实证研究 …………………………………………… 148

　　第一节　上市公司高管薪酬与企业绩效的实证研究 ……… 148
　　　一　房地产行业高管薪酬与企业绩效的实证分析 ……… 148
　　　二　信息技术行业高管薪酬与企业绩效的实证分析 …… 150
　　　三　制造业高管薪酬与企业绩效的实证分析 …………… 152
　　第二节　上市公司高管持股比例与企业绩效的实证研究 … 154
　　　一　房地产行业高管持股比例与企业绩效的实证分析 … 154
　　　二　信息技术行业高管持股比例与企业绩效的实证
　　　　　分析 ……………………………………………………… 156
　　　三　制造业高管持股比例与企业绩效的实证分析 ……… 157
　　第三节　高管团队价值观对公司绩效的影响 ……………… 160
　　　一　高管团队价值观冲突的类型 ………………………… 161
　　　二　高管团队价值观冲突的危害 ………………………… 161
　　　三　针对冲突的解决方案 ………………………………… 162
　　第四节　本章小结 …………………………………………… 164
　　　一　三个行业中两种激励机制的比较分析 ……………… 164
　　　二　同一种激励机制在不同行业的比较分析 …………… 166
　　　三　高管激励机制的政策建议 …………………………… 168

第七章　总结与展望 …………………………………………… 171

参考文献 ……………………………………………………… 173

发表论文和参加科研情况说明 ……………………………… 185

致　　谢 ……………………………………………………… 186

第一章 绪论

第一节 选题背景与研究意义

一 选题背景

法国古典经济学家让·巴蒂斯特·萨伊提出了生产三要素理论：商品的价值是由劳动、资本和土地这三个生产要素共同创造的，它们是一切社会生产所不可缺少的三个要素。但是，新古典经济学派认为劳动、土地和资本必须予以合理组织，才能充分发挥生产效率。英国新古典经济学家马歇尔在《经济学原理》一书中将企业家才能（Entrepreneurship）增加到原来的生产三要素中，形成了"生产四要素"。所谓企业家才能，是指企业家经营企业的组织能力、管理能力与创新能力，具体体现为企业家将原来的生产三要素组织起来，更加有效地创造商品价值。

随着科学技术的发展和经济全球化加剧，企业之间的竞争变得日益激烈，人们逐渐认识到企业家才能的重要性以及他们在企业竞争中所发挥的作用。在现代公司制企业中，高层管理团队（Top Management Team）进行企业战略决策、经营方针制定，有效利用企业经济资源提升企业价值。因此，在现代企业管理体制中，企业家才能具体体现在高层管理团队身上，具有企业家才能的高层管理团队往往能取得更好的企业绩效，创造更多的企业价值。

高层管理团队（TMT）是由组织中承担战略决策职责的高层管理者所组成的团队，是决定组织发展方向和影响组织绩效的核心群体，通常由董事会成员及正、副总经理，以及其他参与战略决策的高层管理者组成。优秀的高层管理团队是现代企业中的重要人力资源，是企业可持续发展的关键保证，因此对高层管理团队进行研究具有较强的实践意义和理论价值。

究竟何种高层管理团队才具有企业家才能，为企业实现更多的价值，国内外对此问题的研究一般集中于高层管理团队的薪酬、持股等因素对公司绩效的影响，而针对领导者的个体特征，即公司高层管理团队的年龄结构、性别比例、受教育形式以及工作经验等对企业绩效的影响研究相对较少。目前国内对高层管理团队的背景特征已经有了部分实证研究，但主要是针对包括所有行业的上市公司或者中小企业板块上市公司，针对某一个行业的研究并不多，本书是把上市公司按照行业类别重新分类进行对比研究，通过实证结果，提出相应政策建议。

房地产行业作为一个关系民生的国民经济支柱产业，目前已成为国内热点话题。当前房地产行业在国家的严管政策下，出现了新的形势。中小房地产企业由于资金压力会逐步退出，或者被大的房地产企业兼并，房地产开发的垄断格局正在形成。国企房地产公司与民营房地产公司新一轮的角逐在国家政策的推动下开始逐鹿中原。从总体上来看，2011年国家对房地产行业的政策不会有大幅度改变，国家对房地产的调整应该逐步趋于合理，通过政策调整来结束我国房地产业与政府、企业和民众之间的矛盾，逐步走向正轨。土地是地方政府资金的重要来源，所以国家土地价格很难大幅变更。控制房价的关键是看土地的供应价格。如果土地的供应价格持续上涨，那么房价必然会继续上涨，我国房地产业的战争就不会结束，结束战争的主动权掌握在政府的手里。房地产业存在的主要问题在于中央与地方的博弈。为了发展地方经济，这场博弈在短时间内不会停止。房地产在挤压泡沫和大洗牌过程中仍需要一段时间无序发展，近年来出现的高房价、土地出让制度等问题，都表明我国的房地产行业发展并不成熟。如何引进和利用高素质管理团队成为我国房地产行业发展的关键问题之一。在此背景下，研究房地产行业高层管理团队的特征对房地产企业绩效的影响将具有比较重要的意义。

近年来，全球信息科技的密集创新驱动着产业结构的调整。发达国家在应对金融危机的过程中，都把加快发展信息技术产业、深化信息网络应用作为增强核心竞争力的手段。当前，信息技术创新内涵更加丰富，技术、应用和服务深度融合，核心技术和标准的控制及竞争更加激烈，综合集成和资源整合成为产业链竞争的制高点。信息技术业的竞争力更多地体现在对知识、信息和人才的掌控上。"十二五"时期，是全面建设小康社会的关键时期，是加快转变经济发展模式的时期。信息技术行业作为产业升级的"助推器"、发展模式的"转换器"、经济增长的"倍增器"，在走新型工业化道路、全面建设小康社会进程中肩负着重要的历史使命。企业的发展才会带来行业的繁荣，因此研究提高企业经济效益的措施也是很重要的。"千军易得，一将难求"，企业的高层管理团队在一个公司的发展过程中的地位不言而喻。企业有了一个高效的团队，那么它在激烈的市场竞争中才能获得生存，获得长久的发展。

中国的制造业具有非常悠久的历史，例如，古代的纺织与印染技术非常著名。早在原始社会时期，人类为了适应气候的变化，已懂得就地取材，利用自然资源作为纺织和印染的原料，以及制造简单的纺织工具。纺织业在我国是一个劳动密集型的产业，对外有很大的依存度。我国是世界上最大的纺织品服装生产和出口国，纺织品服装出口的持续稳定增长对保证我国外汇储备、国际收支平衡、人民币汇率稳定、解决社会就业至关重要。2011年是我国"十二五"规划的开局之年，产业结构升级、产业转移将成为纺织服装行业发展的主导趋势，技术比较落后、利润微薄的企业将会被淘汰，或者被大企业兼并，市场的资源会更加集中。同时2011年又是宏观政策转向之年，民营的纺织企业在争取信贷方面的难度会继续增大，融资的成本会继续上升。个税体制改革、居民的消费能力和通货膨胀程度都直接影响了纺织业的内销市场。美国在不停地向中国施加压力，呼吁人民币升值。根据有关专家测算，人民币汇率每升值1%，纺织服装企业的利润将至少降低6%，这对平均利润率在10%左右的传统纺织服装企业来说无疑是雪上加霜。欧美经济复苏乏力，增大贸易摩擦成为美国的经济和政治需求，各种技术性贸易壁垒、召回通报等贸易保护措施极大地增加了我国纺织品出口成本。在多重压力并存的环境下，纺织服装行业前进的步伐异常沉重。与此同时，中央近几年一直强调纺织服装业不是中国的夕阳产业，并出台了一些行业振兴规划。纺织专家根据中国的纺织业现状提出企业应实行进一步的企业战略转型。例如，企业要强化管理，增加快速反应机制，走小批量、多品种、快交货、高品质的路线；企业新上项目应该以技术装备升级为重点，实现跨越式发展；等等。而实行这些战略转型的关键在于企业的高层管理团队。如果一个企业具有一个优秀的高层管理团队，那么它可能会使企业转危为安，在逆境中求生存，在竞争中求发展，提高企业的经营业绩。然而什么样的高层管理团队才可以促进纺织企业的发展？高层管理团队的哪些特征有助于改善纺织企业的经营业绩？研究高管团队与公司绩效之间的关系对未来的发展有重要意义。

二　研究意义

根据公司治理理论，好的激励方式与约束手段会使公司高管人员努力工作。许多学者还从实证的角度研究了诸如公司的经营业绩与公司高管人员的工薪福利、股权等之间的关系，试图找到激励效果的证据。在这一理论的背后其实隐含着一个基本的假定，那就是高管人员的能力是没有问题的，即他有足够的才能经营企业，关键是看他如何处理所有者与自己的利益冲突，但是在中国现有的经济体制下，高管人才市场还并不完善，有些高管人员还与行政指令相关，高管人员是否都具有经营他所在企业的才能呢？在任命企业高管时，我们应该考虑高管的哪些基本素质与条件，才能胜任高管的工作呢？实际操作时，高管人员的个人素质与品行都十分重要。很显然，个人素质与品行受很多因素的影响，例如，高管的受教育程度、年龄、性别等。因此一个企业要想提高自己的经营业绩，前提条件是有一个能够胜任工作的高管团队。公司高管团队的效能是公司成长性的必要条件。具体来看，对公司高管团队特征与公司绩效的理论分析与实证研究对我国企业发展有如下几个方面的实用价值：

(一) 高管特征对公司绩效的影响

高管团队的背景特征对公司绩效的影响并不是直接的影响。首先，它在一定的内外环境下先影响了企业的战略决策。当然此处高管团队的特征包括背景特征和一定的激励机制，如高管团队成员的任期、平均年龄、平均的学历、年龄的异质性、学历的异质性、专业的异质性、高管的薪酬和高管的持股比例等。其次，企业的战略决策在一定的内外环境下影响公司的绩效。简单地说就是特征影响决策，决策影响绩效。我们研究高管团队特征对公司绩效的影响，就需要研究在这些特征中，哪些对公司绩效的影响比较显著；这些特征对公司绩效影响是正向的还是负向的；这些特征对公司绩效影响的程度如何。

(二) 上市公司是我国市场经济体系中的企业主体

上市公司对推动我国经济的发展起着决定性的作用，同时它在推动经济增长、扩大就业、收入分配、社会分配、社会稳定等方面起到难以替代的作用。上市公司是国家竞争力的核心体现，它们的发展有利于人们的物质生活得到满足，有利于人们的精神生活更加丰富多彩；它可以证明社会主义制度的优越性，提高我国的竞争力和国际地位。

(三) 中国的经济环境

由于中国的转型经济呈现的是一种不同于西方完善市场经济的特殊制度环境，在这种条件下经营的企业业绩与企业高管团队之间的关系，必然与国外存在显著的差别。通过利用中国上市公司的数据，可以发现在现有国情下的高管背景特征中，哪些是影响公司绩效的因素，以及这些因素对公司绩效的影响大小，进行进一步的实证研究；同时，通过高管团队薪酬机制与企业绩效的研究，可以对上市公司的高管薪酬体系的建立进行揭示。

(四) 行业间研究对比的重要价值

我们根据相关的经济理论，把上市公司分为三类，进而对不同的行业做出分析，相应地提出政策建议。通过不同行业的对比分析，可以发现影响不同行业绩效的高管背景特征区别，为不同行业公司高管的引入提供一些参考价值，为上市公司高管的选拔体系制定一些可参考的标准，或者有针对性地提出一些建议，从而为上市公司打造合理的高管团队、建立企业的薪酬激励机制提供合理化的建议。

第二节 相关理论及研究综述

一 相关理论

（一）新增长理论

近半个世纪以来，现代经济增长理论的研究从外生增长演进到内生增长。罗默等提出了一组以"内生技术变化"为核心的理论，探讨了长期增长的可能前景，重新引起人们对经济增长理论的兴趣，掀起了一股"新增长理论"的研究潮流。

1. 新增长理论的基本内容

新增长理论是经济学的一个分支，它主要是解决以前经济科学中的一个难题：增长的根本原因。它的出现标志着新古典经济增长理论向经济发展理论融合。以前的生产函数模型往往假定一定的技术水平下，很明显这一假定是不合理的。该理论主要是强调经济增长不是外部的力量，而是经济体系的内部力量（如内生技术变化）作用的产物。该理论比较重视对人力资本投资、研究和开发、知识外溢等新问题的研究，重新阐释了经济增长率和人均收入的广泛跨国差异，为长期经济增长提供了新的解释。

新增长理论最重要的创新是把知识、人力资本等内生技术变化因素引入经济增长模型中，提出了要素收益递增的假定，其最后的结果是资本收益率可以增长或不变，人均产出可以无限制增长。技术内生化的引入表明技术不再是外生的，是人力出于自身利益而进行投资的产物。新增长理论主要有五大研究思路：第一，知识外溢和边干边学的内生增长思路；第二，内生技术变化的增长思路；第三，线性技术内生的增长思路；第四，开放经济中的内生增长思路；第五，专业化和劳动分工的内生增长思路。

2. 新增长理论的理论意义

首先，它填补了西方经济理论中的空白。新增长理论将经济增长的源泉由外生转变成内生，从理论上说明技术进步是经济增长的决定因素，并对技术进步的实现机制进行了详尽的说明。它将技术看作是经济系统的一个中心部分，并且技术进步可以提高投资收益，投资又促进了技术进步，形成一个良性循环，促进经济的增长。

其次，为经济的持续增长找到了动力和源泉。该理论把人力资本纳入经济增长模型，为经济的增长找到了动力。经济学家李嘉图得出经济发展最终处于停滞的悲观结论。新古典增长理论都认为一旦没有技术进步，经济发展也会停滞。新增长理论认为专业化的知识可以产生递增的收益，同时使其他投入要素的收益递增，突破了传统经济理论关于要素边际递减的命题。

再次，对于一些经济增长事实有很强的解释能力。例如，新增长理论证明了在垄断竞争中存在均衡状态，因为对技术的垄断及由此带来的超额利润提供了投资和技术研究的动力。此外，国际贸易可以使发展中国家利用国际上的先进技术，从而促进发展中国家的技术进步和经济增长，同时国际贸易也可以使发展中国家主要集中于技术含量低的传统产品部门，不利于发展中国家的经济增长。

最后，它对经济政策的制定产生重大的影响。新增长理论认为市场的力量不足以利用社会可能达到的最大创新潜力，政府有责任进行干预。政府应该着力于能促进发展新技术的各种政策，如发展教育、刺激投资、保护产权、支持研发工作、避免政府对市场的扭曲等。

新增长理论对经济增长和发展提出了很多见解，对经济理论界和各国的经济产生了广泛影响。新增长理论的模型还在不断发展，一些严格的假设条件被放宽，越来越多的理论家把政策变量纳入新增长模型。可以预见，通过这些研究，新增长理论将逐步成熟起来。

(二) 企业家理论

从18世纪30年代康替龙提出企业家理论之后，经萨伊到马歇尔，历经企业家理论发展的三个阶段。现代企业理论的最新发展，特别是契约理论、激励理论的推进，几乎都是以企业家理论为出发点，企业家的激励约束问题与企业的性质和类型、企业的资本结构等这些现代企业理论所考察的基本问题密切相关，现代企业家理论已成为现代企业理论的重要组成部分。从经济学理论中偶尔对企业家的提及，到系统的企业家理论的形成，企业家和企业家理论经历了几个世纪的风雨。

自1876年亚当·斯密发表《国富论》以来，西方经济学正式进入古典经济学时期。古典经济学主要是从企业家的职能和基本模式来研究企业家概念；而新古典经济学主要是从创新、决策、人力资本角度构建企业家研究的模式来研究企业家的特质。1937年科斯发表了《企业的性质》。这不仅奠定了现代企业理论的基础，也成为企业家理论探讨的重要里程碑。他开创的契约理论，成为现代企业理论的主流，也奠定了企业家问题的研究基础，为企业家理论和现实实践提供了更广阔的空间。在经济思想史上，给予企业家以重要地位的是约瑟夫·熊彼特。他认为，解释企业发展的因素，不能从企业为追求利润最大化的目标而进行的企业行为来解释。企业发展的因素是企业应对即将变化的环境战略意图。这种战略意图，就是企业应付不断变化的经济和社会形势而做出的努力。企业家的功能不在于去寻找初始资本，也不是去开发新产品，它的关键在于提供一种经营思想。虽然企业的创建者在一开始领导着他的企业，推动了企业最初的发展。但是如果他停止了创新活动，他也就不再发挥企业家的功能了。企业家在企业发展中最关键的功能就是创新，企业发展的本质特征也是创新。

众所周知，人力资本是一种具有边际报酬递增的生产要素。在经济高速发展的今天，企业家在企业发展和社会进步中发挥着越来越重要的作用。人们也逐渐认识到：企业的成败在于是否迎合了潮流，真正的企业家掌握了企业的运营；企业家的成长是保持企业持续增长和经济发展的关键所在。企业家一直被定义为社会经济发展最稀缺要素的所有者，是经济增长和生产力发展的主要来源；企业家通过不断创新改变要素组合方式，把各种要素组织起来进行生产，从而带来经济增长。现在的企业家日益职能化。随着企业家社会地位的日益提高和为世人所肯定，企业家理论必将在21世纪的经济理论中占有更重要的地位。一种理论的价值，一方面在于它的总结性，另一方面在于它的前瞻性。随着企业家理论的继续发展，对该理论前瞻性的要求将更加强烈。如今的企业家理论，其理论化程度已经很高，而按照理论发展的目的，它向实践的回归也会是历史的必然。

（三）人力资本理论

1. 人力资本的基本概念

人力资本理论最早起源于经济学的研究。美国经济学家舒尔茨和贝克尔在20世纪60年代创立了人力资本理论，开辟了关于人力生产能力研究的新思路。该理论认为物质资本包括厂房、机器、设备、土地等，而人力资本指的是在人身上的资本，即对生产者进行培训教育等支出和在其接受培训教育时刻的机会成本的总和，人力资本的管理并不是一个全新的系统，它是建立在人力资源管理的基础之上，综合了人的管理和资本投资回报两个分析维度，将企业中的人作为资本来进行投资与管理，不断地根据人力资本和投资收益率的变化调整管理措施，从而获得长期的价值回报。人力资本管理通过整合人力资源管理的各种手段，而获得更高水平的价值实现。人力资本管理注重投资与回报之间的互动关系，结合市场分析制订计划，因而对市场更加敏感、更为理性。

2. 人力资本的主要内容

我们可以从两个方面理解人力资本管理，一是对人力资源量的管理。对人力资源量的管理就是根据物力和人力的变化，对人力进行恰当的培训和协调，使二者保持最佳的比例，使人和物都充分发挥出最佳效应。二是对人力资源质的管理。主要是指采用现代化方法，对人的思想、行为进行有效的管理，充分发挥人的主观能动性，才能提升企业的业绩。人力资本理论的核心观点包括：第一，人力资源是企业一切资源中最主要的资源。第二，在经济增长中，物质资本的作用小于人力资本的作用，人力资本的投资可以更好地增加国民收入。第三，人力资本的核心是提高人口的质量，教育投资是人力投资中必不可少的部分。人力资本投资的经济效益远大于物质投资的经济效益。第四，教育投资应该以市场供求关系为根据，以人力资源价格的浮动为衡量指标。目前中国的很多学者也对人力资本理论提出了很多见解。魏杰提出人力资本需要三种激励。一是人力资本的产权激励。人力资本，既然是资本，收益就不应该是工资；资本的收益应该是产权，所以人力资本在企业中要拥有产权。二是人力资本的地位激励。三是企业文化的激励。周其仁提出人力资本产权有三大特征。第一，人力资本属于个人。第二，人力资本的产权权利一旦受损，其资产可以立刻贬值。第三，人力资本总是自发地寻求实现自我的市场。

二 研究综述

（一）高管激励机制的国外研究综述

发达国家对公司体制的改革比较完善，因而上市公司的数据相对全面，国外学者对高管激励机制的研究也相对较早。

早期的学者一般衡量的是高管的薪酬与企业会计收益指标之间的关系，如 Lewellen 和 Huntsman（1970）采用了 1942—1963 年财富 100 强中的数据，研究管理者薪酬是与企业利润相关，还是与企业规模相关。该文通过选取 50 家公司的数据，研究发现：企业的规模越大，管理者薪酬越高；同时企业的利润也与管理者薪酬呈现正相关关系。最后他们认为在决定管理者薪酬上，企业的规模，即销售收入与会计利润同等重要[①]。很多证据显示，美国公司的高管人员的收入会随着企业的规模增大而增加。Masson（1981）对 1969—1981 年美国 73 家公司的资料分析发现：经理每年的薪水加奖金相对于销售额的弹性为 0.12—0.125；简单地说就是一个企业的规模平均比另一个企业大 10%，最高经理的报酬就会多 21.5%，然而如果后一个企业增加 10% 时，它对经理平均支付的工资和奖金就多 2.15%，此外，他还发现经理收入的资产弹性为 0.13。[②] Mehran Hamid（1995）以 COMPUSTAT 工业档案中的 153 家制造业企业为样本，对经理人员的报酬结构与企业业绩的关系进行了实证分析，研究表明：企业业绩与经理持有股票期权的比例呈现正相关关系，且相关系数为 2.263；企业业绩与

---

① Lewellen Wilbur G. and B. Huntsman, "Managerial Pay and Porporate Performance", American Economical Review, June 1970, 60 (4): 710 – 20.

② Masson Robert Tempest, " Executive Motivation, Earnings, and Consequent Equity Performance", Journal of Political Economy , Vol. 11, July 1981.

经理其他形式的报酬的比例也呈现正相关关系，且相关系数为 0.521，可见经理股票期权在理论上具有很大优势。① Brunello、Graziano、Parig（2001）以意大利上市公司为样本考察高级管理人员报酬的决定因素，研究发现：特定的经济环境（如意大利缺少对中小投资者的保护、国家控股公司占全部公司的比重较大等）影响了样本公司经理报酬的设计体系，报酬和业绩的敏感性在利润下降和利润变动性相对小的公司中比较大，在内资企业和不附属于跨国集团的公司中敏感性较低。② Hall 和 Liebman（1998）利用美国上百家公众持股的最大商业公司最近 15 年的数据进行了实证分析，研究发现企业经营者薪酬与企业绩效强相关的结论。企业经营者薪酬和企业绩效的关联度从 1980 年到 1994 年基本上是递增的。他们认为，这种强关联是由企业经营者所持股票价值的变化引起的，尤其是 1980 年后企业经营者所持股票期权大幅度增加后，企业经营者的薪酬水平和企业绩效对企业经营者的薪酬敏感程度增大。这表明当企业经营者薪酬结构中股票期权的比重增大后，企业经营者薪酬和企业绩效的相关性增加。③ Anderson、Banker 和 Ravindran（1999）研究发现：高管的两种激励方式：奖金和股票，与企业的会计收益之间存在不同程度的正相关关系，而且这两种激励方式之间可以相互替代，高管期权的持有数量可以显著地影响企业的业绩表现。④

  部分学者另辟思路，对企业绩效的衡量不再采用会计收益指标，而是从股东的角度进行分析。如 Murphy（1985）选取了美国 73 个大公司高层管理者的样本，基于 1964—1981 年的数据对管理者薪酬与

---

① Mehran Hamid, "Executive Compensation Structure, Ownership, and Firm Performance", *Journal of Financial Economics*, 1995, 38: 163 – 184.

② Giorgio Brunello, Clara Graziano and Bruno Parig, "Executive Compensation and Firm Performance in Italy", *International Journal of Industrial Organization*, January 2001, 19 (1): 133 – 161.

③ Hall Brian J. and Jeffrey B. Liebman, "Are CEOs Really Paid Like Bureaucrats?" *The Quarterly Journal of Economics*, 1998, 113 (3): 653 – 691.

④ Mark C. Anderson Rajiv. D. Banker and Sury Ravindran, "Interrelations Between Components of Executives' Compensation and Market and Accounting Based Performance Measures", *University of Texas Working Paper*, 1999, 4: 141 – 156.

股东收益之间的关系进行了详细的研究,研究结果表明:高管的薪酬会随着营业收益的增加而增加,但这不会损害股东权益,股东权益在这个过程中保持不变。① Gibbons 和 Murphy(1992)对经营者的报酬做了实证分析,最后得出结论:经理的报酬对股票收益率的弹性在 0.1 到 0.2,简单地说,就是股票的收益率从 10% 涨到 20%,企业经营者的报酬增加 1%,这说明经营者的报酬对企业业绩的激励度不够。②

由于 CEO 在公司高管中的地位异常重要,很多学者则选择 CEO 作为分析对象,研究他们对公司绩效的影响:Coughlan 和 Schmidt (1985) 利用 149 家上市公司 1978—1982 年的数据,着力研究了 CEO 的现金薪酬与企业绩效之间的相关关系,研究发现:薪酬的变化与股票的市场价格绩效之间存在显著的正相关关系,因而,现金薪酬的激励效果是有效的。③ 梅恩(Main,1994)等利用英美两国上市公司的数据对高管的薪酬进行了分析,研究发现:尽管英美两国经理相互之间可自由流动,但税收制度、外部控制制度等明显的国别差异,导致了两国 CEO 的收入差距很大,而且从全球国别比较角度看,这种制度差异会更加明显。④ 实际上,政府干预大公司 CEO 薪酬的政策普遍存在。例如美国 1992 年众议院立法要求 CEO 工资最高不超过最低工人工资的 25 倍,参议院通过《公司报酬支付责任法》,赋予股东更多的权利来影响经理收入水平。此外,美国证券交易委员会及财务会计标准委员会等均制定了相应的法规来限制高层经理收入。Michael Firth 和 Peter M. Y. Fung 等(2006)探讨了中国上市公司 CEO 的薪酬问题,该文首先简单介绍了 CEO 薪酬机制的设计,然后选取了影响 CEO 薪

---

① Murphy K. J., "Corporate Performance and Managerial Renumeration: an Empirical Analysis", *Journal of Accounting and Economics*, 1985, 7: 11 – 42.

② Gibbons Robert and K. J. Murphy, "Optimal Incentive Contracts in the Presence of Career Concerns: Theory and Evidence", *Journal of Political Economy*, 1992: 468 – 505.

③ Coughlan A. T and R. M. Schmidt, "Executive Compensation, Management Turnover and Firm Performance: an Empirical Investigation", *Journal of Accounting and Economics*, 1985, 7: 102 – 123.

④ Brain G. M. Main, C. A. O. Reilly and G. S. Crystal, "Over Here and Over There: a Comparison of Top Executive Pay in UK and USA", *International Contributions to Labour Studies*, 1994, 4: 115 – 127.

酬的一些变量，如企业的规模、公司的绩效，研究发现：不同类型的控股股东对公司 CEO 的激励机制是不一样的。如果政府作为控股股东的话，企业 CEO 的薪酬并没有与企业的绩效挂钩，而对私人控股的企业而言，行政总裁的薪酬会随着公司利润或股东财富的增加而有显著的提升，然而对 CEO 薪酬机制的灵敏性很低，这充分说明我国的薪酬机制有效性不足。①

上面的研究一般是把上市公司作为一个总体来进行研究，不可避免地会存在缺陷，很多学者基于上面的不足，把变量进行分层，然后进行实证研究。他们通过系统的分析，发现了很多更精确的结论。Morck 等（1988）利用上市公司的数据研究了董事会成员的持股比例之和与托宾 Q 值之间的关系，研究发现：当董事会成员持股比例之和小于 5% 时，董事的持股权对托宾 Q 值有正向的影响；当持股比例之和在 5% 到 25% 时，托宾 Q 值与董事的持股比例之和是负相关的；当持股比例之和超过 25% 时，二者呈现的关系不是很明确。② Jensen 和 Murphy（1990）用回归方式分析了现金报酬、购股权、内部持股方案和解雇威胁所产生的激励作用，研究发现：大型公众持股公司的业绩和它们的经营者的报酬有弱相关关系，表现在：股东财富每增加 1000 美元，经理的现金报酬增加 0.3 美元；在 1986 年，美国 746 位大公司最高经理的中间持股水平为 0.25%，股东财富每年增加 1000 美元，经理与报酬和股票有关的财富增加 3.25 美元，所以经理的激励主要来自经理持有的股份；奖金约占最高经理薪水的一半，但奖金的确定方式对股票市场价值或销售额的变化不敏感；经理的报酬业绩敏感度一直下降，从 1934 年到 1938 年每 1000 美元变化 17.5 美元下降到 1974 年到 1986 年间每 1000 美元变化 1.9 美分。③ McConnell 和 Servas-

---

① Michael Firth, Peter M. Y. Fung and Oliver M. Rui, "Corporate Performance and CEO Compensation", *Journal of Corporate Finance*, 2006, 12 (4): 693–714.

② Randall Morck, Andrei Shleifer and Robert W. Vishny, "Management Ownership and Market Valuation: an Empirical Analysis", *Journal of Financial Economics*, 1988, 20: 293–315.

③ Jensen M. C. and Murphy K. J., "Performance Pay and Top - Management Incentives", *Journal of Political Economy*, 1990, 98 (2): 225–264.

es（1990）的研究则发现：经营者持股比例和托宾 Q 值之间存在着倒转的 U 形联系，并且 U 形曲线的拐点为 40%—50%。同时如果经营者持股权的数值在不同区间时，持股权与企业绩效的相关系数是不同的。① Bryan 和 Hwang（2000）的研究发现，当管理者持股量小于 5% 时，高管的激励机制是有效的，可以增加公司的价值；当管理者持股比例在 5% 和 25% 时，管理者可以随意追求个人的私利，从而降低了公司的价值，其激励作用是负的；而当高管的持股比例在 25% 和 100% 时，高管的激励机制也是有效的。通过这些结果说明股权激励机制既有内部操纵、追求个人私利的负作用，也有利益趋同的正作用。②

（二）高管背景特征的国外研究综述

1. Hambrick 和 Mason 的高层梯队理论（Upper Echelons Theory）

高层梯队理论的主要观点是：高层管理团队成员的认知能力、价值观等特性会影响企业的决策和企业绩效。虽然这些特性在理论上比较合理，但是由于认知能力、价值观等特性难以量化，很难在实践中进行验证。于是，高层梯队理论借鉴关于团队人口特征的相关理论，认为团队人口特征可以反映团队的认知能力和价值观等特性，因此选取团队人口特征作为团队成员特性的替代变量，并据此推断这些人口特征对高层管理团队的稳定性、企业决策和企业绩效的影响。Pfeffer（1983）首次提出利用社会学中的人口特征模型来研究高层管理团队的稳定性。他认为，人们在社交活动中会体现出"相似相近"的现象，即个人会选择加入那些与自己在一些特性方面相似的高层管理团队，甚至在成为团队中的一员后，他还会衡量自己与其他成员之间的相似程度，如果相似程度较小，那么一部分成员可能会感到不适应，

---

① John J. McConnell and Henri Servases, "Additional Evidence on Equity Ownership and Corporate Value", *Journal of Financial Economics*, 1990, 27: 595–612.

② Stephen Bryan, LeeSeok Hwang and Steven Lilien, "CEO Stock – based Compensation: An Empirical Analysis of Incentive – Intensity Relative Mix and Economics Determinants", *Journal of Business*, 2000, 73 (4): 663–693.

从而离开该管理团队。① 在 Pfeffer（1983）的研究基础上，Hambrick 和 Mason（1984）综合以往的研究结论，提出了高层团队理论（Upper Echelons Theory），他们认为高层管理团队的背景特征可以部分反映出组织产出、组织战略选择和组织绩效。但是由于高层梯队理论并没有考虑高层管理团队的人口特征与企业战略决策和企业绩效之间可能存在的中间变量，这使以此理论为基础的实证研究结论存在较大的差异。②

2. Wiersema 和 Bird 跨文化情境模型

学者们在研究影响高层管理团队的人口特征与企业绩效之间关系的因素时，往往会考虑到个人的认知能力和价值观等特性还会受到生活环境的影响。因此，有学者认为应该考虑到不同国家或地区，也就是不同的民族文化之间的差异。Wiersema 和 Bird（1993）将关于人口特征的人口统计学理论扩展到美国以外的国家，他们设定了一个包含更多影响因素的模型，并且这些影响因素在不同的国家表现出不同的特性，结果发现这一模型能够更好地反映人口特征与组织产出之间的关系。他们对日本企业进行研究发现，团队成员的年龄、任期以及声誉等特性上的异质性和团队的运作有显著的相关性，并且这种相关性要显著强于美国企业，这表明不同民族文化背景下个体对人口特征差异的心理冲击感应是不同的。如在日本等集体主义突出的东方文化中，个别高层管理人员可能会对高层管理团队中的异质性的忍耐程度比较低；而在美国比较注重个性的西方文化中，个体对团队中的异质性的存在可能认为是一种常态，从而有比较高的忍耐程度。他们还发现，高层管理团队内部的劳动力市场也是影响个体对特征差异感知程度的重要因素，比如在潜在竞争对手给企业带来强大压力时，地位相

---

① Pfeffer Jeffrey, "Organizational Demography", *Research in Organizational Behavior*, 1983, 5（2）：299－357.

② Donald C. Hambrick and Phyllis A. Mason, "Upper Echelons: Organization as a Reflection of its Managers", *the Academy of Management Review*, 1984, 9（2）：193－206.

对稳固的高层管理人员会对团队内部的异质性表现出较低的忍耐度。[1] Wiersema 和 Bird（1993）的研究为后来的学者开拓了思路，学者们在探讨影响高层管理团队的人口特征与企业绩效之间关系的因素时不仅考虑了民族文化之间的差异，部分学者还相继引入了行业差别、企业资源禀赋等因素，大大地促进了关于高层管理团队人口特征与企业绩效之间关系研究的发展。

3. Carpenter 等多理论整合模型

Carpenter 等（2004）基于 Hambrick 和 Mason 的高层梯队理论总结了以往的研究文献，他们认为企业高层管理团队对企业战略决策的影响机制方面有两种理论：高层梯队理论和代理理论。这两种理论都认为高层管理团队的人口特征会影响企业战略决策，进而影响企业绩效。但是，高层梯队理论认为，高层管理团队的人口特征，如年龄、性别、教育水平、工作经历以及认知基础和价值观等具有某种程度的同质性，从而决定了他们进行企业战略决策时的偏好和性格；代理理论认为人口特征并非是影响企业绩效的关键因素，取而代之的是董事会的构成和权力分配，如董事会中是否有首席执行官、董事会成员中是否有执行董事等。[2] Jensen 和 Zajac（2004）将高层梯队理论和代理理论联系起来，明确了高层管理团队影响公司战略的机制，他们认为高层管理团队在人口特征方面的不同会产生截然不同的战略决策，如偏好于企业合并还是分立等。同时，他们还指出高层梯队理论和代理理论在单独解释高层管理团队对企业绩效的影响方面都存在比较片面的问题。[3] 因此，Carpenter 等（2001）认为以后的学者应该将高层梯

---

[1] Margarethe F. Wiersema and Allan Bird, "Organizational Demography in Japanese Firms: Group Heterogeneity Individual Dissimilarity, and Top Management Team Turnover", *Academy of Management Journal*, 1993, 36 (5): 996–1025.

[2] Mason A. Carpenter, Marta A. Geletkanycz and Wm. Gerard Sanders, "Upper Echelons Research Revisited: Antecedents, Elements, and Consequences of Top Management Team Composition", *Journal of Management*, 2004, 30 (6): 749–778.

[3] Michael Jensen and Edward J. Zajac, "Corporate Elites and Corporate Strategy: How Demographic Preferences and Structural Differences Shape the Scope of the Firm", *Strategic Management Journal*, 2004, 25 (6): 507–524.

队理论和代理理论相互结合,从而能够更好地解释高层管理团队与公司战略决策之间的关系,并进一步提出了多理论整合模型。该理论的观点是,除高层梯队理论和跨文化情境理论提出的年龄、任期、学历和民族文化等影响因素外,高层管理团队的人口特征和企业绩效之间还存在一些被忽视的影响因素,如代理理论提出的董事会特征、行业特征、劳动力市场等因素。该理论还认为,企业在选择高层管理人员时会受到企业自身实力的影响,即企业绩效有可能反过来影响高层管理团队的人口特征。[1][2]

4. 高层管理团队人口特征同质性指标与企业绩效之间的关系

高层管理团队人口特征的同质性指标主要是指高层管理团队人口特征变量的平均值,比如平均年龄、平均任期、平均学历水平等。如果这些同质性指标的均值比较高,就表明该高层管理团队具有较丰富的管理经验,从而能够影响企业战略决策和企业绩效。

Bantel 和 Jackson（1989）研究了银行业高层管理团队的社会组成（年龄、任期、教育水平的平均值与对应的异质性指标）与创新之间关系,并在此过程中考虑了银行的规模、地理位置和高管团队规模,结果发现教育水平越高、职业来源越广泛的高层管理团队越具有更强的创新性,并且这种关系并不受银行规模、高管团队规模等控制变量的影响。[3] O'Reilly 等（1989）则发现任期时间越长的高层管理团队越倾向于离开该企业。[4] Wiersema 和 Bantel（1992）利用世界500强企业作为研究样本,研究了高层管理团队的人口特征与公司战略变动

---

[1] Mason A. Carpenter and James W. Fredrickson, "Top Management Teams, Global Strategic Posture, and the Moderating Role of Uncertainty", *Academy of Management Journal*, 2001, 44(3): 533 – 546.

[2] Mason A. Carpenter and Wm. Gerard Sanders, "Top Management Team Compensation: the Missing Link between CEO Pay and Firm Performance", *Strategic Management Journal*, 2002, (23): 367 – 375.

[3] Karen A. Bantel and Susan E. Jackson, "Top Management and Innovations in Banking: Does the Composition of the Top Team Make a Difference", *Strategic Management Journal*, 1989, 10(1): 107 – 124.

[4] Charles A. O'Reilly III, David F. Caldwell and William P. Barnett, "Work Group Demography, Social Integration, and Turnover", *Administrative Science Quarterly*, 1989, 34: 21 – 37.

之间的关系。结果发现，当某一公司的高层管理团队具有低的平均年龄、较长的任期、较高的学历水平和较高的专业异质性等特征时，该公司的战略更易于变动，这也证明了高层梯队理论的观点——高层管理团队的人口特征能够反映他们的认知能力。[1] Sambharya（1996）根据高层梯队理论研究发现在美国 54 家跨国公司中，高层管理团队的海外经历与企业的国际化战略决策存在正相关关系，也就是说，高层管理团队的海外经历平均值越高，那么该企业进行国际化战略成功的可能性越大。[2] Tihanyi 等（2000）以 126 家电子行业的企业为对象进行研究发现，高层管理团队的某些特性与企业的国际扩张相关。如平均年龄越小、平均任期越长、教育水平越高、海外经历越丰富，越有助于企业的国际化发展。[3] Shipilov 和 Danis（2006）进一步从社会资本的角度出发，研究了高层管理人员的背景特征、企业战略选择和绩效之间的关系，他们认为社会资本是取得较好的企业绩效的前提，如具有较高学历的高管团队比较低学历的高管团队拥有更多的社会资本，也能够创造较好的企业绩效。[4] 综合来看，高层管理团队背景特征的同质性指标主要是基于成员之间的内部凝聚力，同质性较高的团队更有利于成员之间的团结，更易于达成一致的战略决策。学者们一致认为教育水平越高的团队，其企业绩效会较好，而对于其余同质性指标并未达成一致结论。

5. 高层管理团队人口特征异质性指标与企业绩效之间的关系

高层管理团队的人口特征异质性是指团队在某一个人口特征变量上的差异，它与人口特征同质性指标相对应，一般而言，若某一个人

---

[1] Margarethe F. Wiersema and Karen A. Bantel, "Top Management Team Demography and Corporate Strategic Change", *Academy of Management Journal*, 1992, 35 (1): 91 – 121.

[2] Rakesh B. Sambharya, "Foreign Experience of Top Management Teams and International Diversification Sstrategies of US Multinational Companies", *Strategic Management Journal*, 1996, 17 (9): 739 – 746.

[3] Laszlo Tihanyi, Alan E. Ellstrand, Catherine M. Daily and Dan R. Dalton, "Composition of the Top Management Team and Firm International Diversification", *Journal of Management*, 2000, 26 (6): 1157 – 1177.

[4] Andrew Shipilov and Wade Danis, "TMG Social Capital, Strategic Choice and Firm Performance", *European Management Journal*, 2006, 24 (1): 16 – 27.

口特征变量表现出较强的异质性，那么它的同质性就会较弱。人口特征异质性指标包含多个衡量指标，如年龄、任期、学历水平、专业、职业来源等。对于异质性方面的研究主要集中于异质性指标与企业战略决策和企业绩效的关系上，但是学者们所得结论并未达成一致，如Greening 和 Johnson（1997）研究发现，高层管理团队的异质性与企业危机程度呈先递减后递增的关系，年龄与任期的异质性对处理危机能力有重要作用，而教育背景异质性与此并无显著关系。[1] Martha 和 Joseph（2000）通过对跨国企业进行研究发现，高管团队异质化程度高的企业可能会创造更好的企业绩效。[2] 而 Boone（2004）研究却发现，高层管理团队人口特征的高异质性会降低企业的未来绩效。[3] Knight 等（1999）基于高层梯队理论和社会认知理论研究了人口特征异质性如何对达成一致的战略决策产生影响。结果发现，考虑到团队成员之间的冲突后，在所研究的美国和爱尔兰的76个技术密集型企业中，具有较高异质性的高层管理团队在战略决策上往往难以达成一致。[4] 而 Ferrier（2001）将企业战略决策定义为所采取的竞争行为，在此基础上运用动态过程模型对企业高层管理团队的人口特征与企业战略之间的关系进行研究。他发现在所研究的16个行业中高层管理团队的异质性与企业采取竞争型战略之间存在正相关关系，也就是说高层管理团队的异质性越高，企业采取进攻型战略的可能性越大。但企业采取进攻型战略是否能够带来较高的企业绩效尚存在争议，若企业正处于成长期，那么采取进攻型战略带来较高绩效的可能性比较大。但是

---

[1] Greening D and Johnson R, "Managing Industrial and Organization Crises", *Business and Society*, 1997, 36 (4): 334–361.

[2] Martha L. Maznevski and Joseph J. Distefano, "Global Leaders Are Team Players: Developing Global Leaders Through Membership on Global Teams", *Human Resource Management*, 2000, 39 (2–3): 195–208.

[3] Christophe Boone, Woody Van Olffen, Arjen Van Witteloostuijn and Bert De Brabander, "The Genesis of Top Management Team Diversity: Selective Turnover Among Top Management Teams in Dutch Newspaper Publishing", *Academy of Management Journal*, 2004, 47 (5): 633–656.

[4] Don Knight, Craig L. Pearce, Ken G. Smith, Judy D. Olian, Henry P. Sims, Ken A. Smith and Patrick Flood, "Top Management Team Diversity Group Process and Strategic Consensus", *Strategic Management Journal*, 1999, 20 (5): 445–465.

较高的团队异质性往往会增加高层管理团队成员之间的冲突,反而会给企业绩效的提升带来负面影响。① Keck(1997)在充分考虑行业环境等因素的情况下,基于高层管理团队内部结构的异质性研究其对企业绩效的影响发现,在不同的行业环境下,具有不同特性的高层管理团队能够实现较好的业绩。② Simons 等(1999)研究了 57 个制造业公司的高层管理团队发现,高层管理团队成员之间的争论会改变他们的异质性对企业绩效的影响,如果最高领导鼓励争论,那么就有利于团队异质性对企业绩效产生正向影响。③ Auden 等(2006)则运用国际风险管理因素来测度团队绩效,从新的视角研究了高层管理团队的年龄、专业和任期等特性对企业绩效的影响。④ Zimmerman(2008)基于企业在 IPO 时的融资能力研究了高层管理团队异质性对企业的影响,结果发现高管团队的异质性会显著影响企业的融资能力。⑤

6. 控制变量与企业绩效之间的关系

近年来,国外学者认为关于团队人口特征与企业绩效关系的研究没有得出一致结论的原因可能是还存在一些别的影响因素,如民族文化背景差异、行业特征和领导情境效应等。于是他们进行相关实证研究,从而更加深刻地阐释高层管理团队人口特征与企业绩效之间的关系。

Wiersema 和 Bird(1993)将国家作为控制变量,结果发现由于民

---

① Walter J. Ferrier, "Navigating the Competitive Landscape: the Drivers and Consequences of Competitive Aggressiveness", *Academy of Management Journal*, 2001, 44 (4): 858 – 877.

② Sara L. Keck, "Top Management Team Structure: Differential Effects by Environment Context", *Organization Science*, 1997, 8 (2): 143 – 156.

③ Tony Simons, Lisa Hope Pelled and Ken A. Smith, "Making Use of Difference: Diversity, Debate, and Decision Comprehensiveness in Top Management Teams", *Academy of Management Journal*, 1999, 42 (6): 662 – 673.

④ William C. Auden, Joshua D. Shackman and Marina H. Onken, "Top Management team, International Risk Management Factor and Firm Performance", *Team Performance Management*, 2006, 12 (7/8): 209 – 224.

⑤ Monica A. Zimmerman, "The Influence of Top Management Team Heterogeneity on the Capital Raised through an Initial Public Offering", *Entrepreneurship Theory and Practice*, 2008, 32 (3): 391 – 414.

族文化的差异，日本企业的高层管理人员离职率要高于美国企业。[1] Geletkanycz（1997）利用20个国家的高层管理团队数据研究得出如下结论：不同文化背景下的高层管理人员，其组织承诺度有所差异。在集体主义突出的东方文化影响下，高层管理人员任期越长，其组织承诺就越强；而在个人主义较为突出的西方文化影响下，高层管理人员的任期与组织承诺之间并不存在显著相关关系。[2] Keck（1997）对几个不同行业进行研究发现，对于电脑行业来说，任期较短、异质性较高的高层管理团队创造的企业绩效最高；而对混凝土行业来说，任期长、同质性高的高层管理团队则能创造较高的企业绩效。这表明除高层管理团队的人口特征之外，企业的外部环境也是一个重要的影响变量。[3] 除上述因素外，国外学者还把性别作为一个影响因素考虑进来，考察拥有女性高管的企业与全部是男性高管的企业绩效之间是否有明显差异。如Krishnan和Park（2005）研究了1998年世界1000强企业的679家公司发现，高层管理团队中女性高管所占比例和组织绩效存在正相关关系。[4]

综合来看，国外研究文献认为高层管理团队的同质性和异质性对企业绩效都会产生影响，同质性有利于企业提高高层管理团队凝聚力；而异质性有利于公司国际化经营和提升创新能力；民族文化、行业等外生因素也会对高层管理团队的背景特征与企业绩效之间的关系产生显著影响，但是这些指标究竟通过何种途径产生影响以及影响效果如何，国外研究文献并未达成一致结论。考虑到我国经济环境和企业发展现状，国外的研究结论并不一定适合我国企业，因此在研究国

---

[1] Wiersema M. F. and Bird A., "Organizational Demography in Japanese Firms: Group Heterogeneity Individual Dissimilarity, and Top Management Team Turnover", *Academy of Management Journal*, 1993, 36 (5): 996–1025.

[2] Marta A. Geletkanycz, "The Salience of Culture's Consequences: The Effects of Cultural Values on Top Executive Commitment to the Status Quo", *Strategic Management Journal*, 1997, 18 (8): 615–634.

[3] Keck S. L., "Top Management Team Structure: Differential Effects by Environment Context", *Organization Science*, 1997, 8 (2): 143–156.

[4] Hema A. Krishnan, Daewoo Park, "A Few Good Women—on Top Management Teams", *Journal of Business Research*, 2005, 58 (12): 1712–1720.

内企业高层管理团队的背景特征与企业绩效时，在借鉴外国研究结论的同时还应考虑我国的实际情况，从而找到适合我国企业的高层管理团队理论。

（三）高管激励机制的国内研究综述

企业对高管的激励一般分为两种：货币薪酬激励和股权激励。我国的学者从不同的角度对这个问题进行研究。

最初很多学者为了分析问题的全面性，通过利用上市公司的年报数据把两种激励方式结合起来进行研究，如魏刚（2000）运用我国上市公司的经验证据研究公司经营绩效与高级管理人员激励的关系。研究结果发现：上市公司高管年度货币收入偏低，报酬结构不合理，形式单一，收入水平存在明显的行业差异。此外，高管的"零报酬"现象严重，高级管理人员持股水平偏低。高管的年度报酬与上市公司的经营业绩不存在显著的正相关关系，并且其持股也没有达到预期的激励效果。高管的持股数量与公司经营绩效也不存在"区间效应"，高管的报酬与企业规模存在显著的正相关关系，与其持有的股份存在负相关关系。[①] 李增泉（2000）选取了1998年的数据，运用回归模型，对样本总体依据资产规模、行业、国有股比例和公司所在区域进行了分组检验，研究发现：经理人员的薪酬与企业规模相关，与企业的绩效并不相关，并且具有明显的地区差异；高管人员的持股比例很低，不能很好地发挥激励作用；同时，作者提出了工资、奖金、股票期权三位一体的报酬体系，并对配套设施提出了自己的建议。[②] 宋增基、张宗益（2002）利用1998年和1999年的上市公司数据，实证分析了上市公司经营者报酬对公司绩效的影响。实证发现：经营者年薪对公司绩效具有明显的正向作用；中国上市公司经营者持股对公司绩效没有显著性影响；此外，董事会结构及股东性质对公司经营者所采用的报酬形式具有不同的影响，最后该文提出了建立适合中国国情的关于

---

① 魏刚：《高级管理层激励与上市公司经营绩效》，《经济研究》2000年第3期。
② 李增泉：《激励机制与企业绩效》，《会计研究》2000年第1期。

经营者报酬体系的一些建议。① 张俊瑞、赵进文、张建（2003）对我国上市公司高级管理人员的薪酬、持股等激励手段与企业经营绩效之间的相关性进行了实证分析。研究表明：高级管理人员的人均年度薪金报酬与公司绩效和公司规模之间存在显著的正相关关系；高管薪酬与高管的持股比例变量之间存在正相关关系，但是这种关系不具有稳定性；高管薪酬与国有股比例存在较弱的负相关关系，并且这种负相关性对异常值很敏感。② 胡婉丽、汤书昆、肖向兵（2004）运用2002年生物医药上市公司的数据对高管薪酬和企业业绩的关系进行了研究。研究表明：高管薪酬水平与企业业绩显著正相关，高管团队内的薪酬差距与企业业绩显著正相关，但是高管持股比例则与企业业绩存在不显著的负相关关系，企业追求的目标是规模最大化，而不是股东净资产收益率最大化。因此他们提出企业应该考虑股权激励的成本和效果，改善股权激励制度。③ 郑允凉（2008）利用上市公司的数据，分析了上市公司高管人员的报酬与绩效相关性。研究发现：公司绩效和高管报酬，公司绩效和高管持股比例之间存在显著的相关关系。此外他还发现：高管报酬与公司规模存在显著的正相关关系，与国有股比例呈负相关关系，与高管持股比例之间不存在相关关系。④ 李燕萍、孙红（2008）以我国股权分置改革前的473家上市公司1999—2004年的数据为样本，研究了高管年薪制和持股对公司绩效的影响，并比较了两种不同高管报酬方式对公司长、短期绩效的影响。研究发现：高管年薪制对公司长、短期绩效具有显著影响，高管持股和公司绩效之间具有不显著的二次曲线关系，对公司绩效影响小，高管年薪制对

---

① 宋增基、张宗益：《上市公司经营者报酬与公司绩效实证研究》，《重庆大学学报》2002年第25期。
② 张俊瑞、赵进文、张建：《高级管理层激励与上市公司经营绩效相关性的实证分析》，《会计研究》2003年第9期。
③ 胡婉丽、汤书昆、肖向兵：《上市公司高管薪酬和企业业绩关系研究》，《运筹与管理》2004年第13期。
④ 郑允凉：《高管报酬与公司绩效相关性实证研究》，《财会研究》2008年第20期。

绩效的影响程度比持股比例的作用大。① 唐清泉、朱瑞华、甄丽明（2008）以沪深上市公司为研究对象，对高管报酬机制的设计等问题做了实证分析，研究结果表明在设计国有控股公司的股权激励时，依然不能忽略短期报酬激励和职务升迁等政治和非货币的激励，因为短期报酬具有有效性；高管激励倾斜度低，"大锅饭"仍未打破，这说明我们需要解除报酬管制，避免"搭便车"式的激励；目前长期报酬的激励不显著，股权激励的有效性有限，为了更好地发挥其有效性，我们需要将固定任期制转为弹性任期制。② 李育军（2009）利用 Logistic 回归分析对高管人员薪酬激励与股权激励和上市公司绩效之间的关系进行了实证检验。研究发现：高管人员薪酬激励不会对公司价值增值的实现构成显著的影响；但是持有公司股份高管人员在管理层中所占的比例越高，公司实现价值增值的概率越大。③ 张栓兴、黄延霞（2010）以 2006—2009 年沪深 A 股上市公司年报数据为研究样本，运用多元回归分析方法对上市企业高管薪酬与企业绩效相关性进行了实证分析。研究表明：企业高管薪酬与企业绩效存在正相关关系，企业高管薪酬受企业规模和国有股比例影响显著，高管人员的持股比例与企业绩效存在正相关关系，市场价值指标比会计利润指标与其他变量的相关性更强。④ 赵丽萍、董巧丽（2010）以 2008 年沪深信息技术业上市公司为样本，运用线性回归模型，对高管报酬激励与公司绩效的相关关系进行实证检验，研究表明：信息技术业高管年度报酬与 ROE 显著正相关，高管持股比例与 ROE 显著正相关。此外，不同规模、不同区域高管报酬激励与公司绩效的相关性也不同。⑤ 张忠华

---

① 李燕萍、孙红：《不同高管报酬方式对公司绩效的影响研究》，《经济管理》2008 年第 18 期。

② 唐清泉、朱瑞华、甄丽明：《我国高管人员报酬激励制度的有效性》，《当代经济管理》2008 年第 30 期。

③ 李育军：《高管人员薪酬激励对上市公司绩效影响的实证研究》，《科学之友》2009 年第 10 期。

④ 张栓兴、黄延霞：《上市企业高管薪酬激励与企业绩效的实证分析》，《西安理工大学学报》2010 年第 4 期。

⑤ 赵丽萍、董巧丽：《信息技术业高管报酬激励与公司绩效的研究》，《会计之友》2010 年第 1 期。

（2010）以企业可持续创新为切入点，对高管激励机制与财务绩效的关系进行分析。从激励机制、企业持续性收益和企业持续创新着手，阐述了激励机制与财务绩效的相关性，通过分析财务绩效的影响因素，构建激励机制对财务绩效影响作用的框架图，以阐明创新型企业高管激励机制对财务绩效的作用原理。① 李世新、涂琳（2010）选取了2009年以前的中小企业板公司作为研究样本进行了分析，研究结果发现：高管薪酬和持股比例与企业的业绩显著正相关，中小企业板上市公司的高管激励机制总体是有效的。②

为了使分析的问题更具有针对性，很多学者只对高管的货币薪酬对公司绩效的影响进行研究，并取得了丰硕的成果。如周业安（2000）通过综述国外有关上市公司经理报酬与企业绩效水平之关系的研究结果，发现因为存在政治力量及各种非货币化因素的干扰，货币化激励对上市公司的经理的效果不是很好，要强化经理报酬的激励效果，需要结合公司治理结构的优化综合安排。③ 李琦（2003）利用1999年和2000年的数据对上市公司高级经理人薪酬水平的影响因素进行实证检验。实证发现：上市公司在制定高级经理人的薪酬水平时，很少以公司业绩为重点依据对象，本期的公司业绩对公司的薪酬水平几乎没有任何影响作用；公司规模、国家股比例、地区特征因素对薪酬水平的决定有着明显而一致的作用；增长性因素、上市年限以及是否发行B股的因素对薪酬水平的决定也有着显著的正向作用；年龄与薪酬水平呈部分的显著的负相关。④ 林浚清、黄祖辉、孙永祥（2003）对我国上市公司内高层管理人员薪酬差距和公司未来绩效之间的关系进行了检验，发现这两者之间有显著的正向关系，薪酬差距可以提升企业绩效，这说明薪酬激励的锦标赛理论在我国成立。此

---

① 张忠华：《高管激励机制对财务绩效的影响研究》，《会计之友》2010年第7期。
② 李世新、涂琳：《中小企业板上市公司高管激励效果的实证研究》，《财会通讯》2010年第8期。
③ 周业安：《经理报酬与企业绩效关系的经济学分析》，《中国工业经济》2000年第5期。
④ 李琦：《上市公司高级经理人薪酬影响因素分析》，《经济科学》2003年第6期。

外，影响我国公司薪酬差距的主要因素是公司治理结构，而不是公司外部市场环境因素和企业自身经营运作上的特点。因此他们认为提高薪酬差距的主要措施是进行公司治理结构改革，同时要提高薪酬差距以维持足够的锦标赛激励能量。[①] 刘斌、刘星、李世新、何顺文（2003）利用逐步回归和路径分析方法，对我国上市公司 CEO 薪酬的激励制约机制和激励制约效果进行了检验，结果发现：（1）决定 CEO 薪酬增长的主要因素是营业利润率变动，决定 CEO 薪酬下降的主要因素是总资产净利率变动，这表明在我国上市公司的 CEO 薪酬层面已体现了一定的激励制约机制；（2）增加 CEO 薪酬对提高企业的规模和股东财富有一定的促进作用，但降低 CEO 薪酬会对企业规模和股东财富产生一定的负面影响，这说明 CEO 薪酬具有工资刚性的特征，而且说明我国上市公司的 CEO 薪酬只有单方面的激励效果，而没有预期的制约效果；（3）CEO 进行盈余管理或利润操纵的动机不是为了增加其公开性薪酬，而是出于除公开性薪酬以外的其他目的。[②] 高雷、宋顺林（2007）利用 A 股上市公司 2002—2003 年的数据对高管薪酬机制和企业绩效之间的关系进行了研究。研究发现：高管报酬的变化与当年的会计绩效显著正相关，但与会计绩效的变化之间关系不稳定。上市公司市场异常收益率每增加 10%，高管平均报酬增加 1.58%；上市公司股东价值每增加 100 万元，高管平均薪酬增加 38 元。同时不同规模和性质的公司报酬绩效联系不同。[③] 叶建芳、陈潇（2008）用 2003 年至 2005 年高科技行业上市公司的数据对我国经营者激励与约束问题进行了实证研究，通过运用 OLS 统计分析方法，发现高管的持股比例对企业的价值有正向的影响，同时高管的持股比例不是独立地影响企业价值，它受到其他因素的影响，如企业的股权

---

① 林浚清、黄祖辉、孙永祥：《高管团队内薪酬差距、公司绩效和治理结构》，《经济研究》2003 年第 4 期。

② 刘斌、刘星、李世新、何顺文：《CEO 薪酬与企业业绩互动效应的实证检验》，《会计研究》2003 年第 3 期。

③ 高雷、宋顺林：《高管报酬激励与企业绩效》，《财经科学》2007 年第 4 期。

构成、资本结构、企业的规模及企业的盈利能力等。①

我国对高管的股权激励体制的改革比较晚，并且很不成熟，高管的持股比例明显偏低。部分学者对我国未来的股权激励措施也进行了试探性的尝试。周建波、孙菊生（2003）利用2001年的34家上市公司的数据，对公司治理特征、经营者股权激励与公司经营业绩之间的关系进行了实证分析。研究发现：实行股权激励的公司存在选择性偏见，在实行股权激励前业绩普遍高；经营者因股权激励增加的持股数与第一大股东选派的董事比例显著正相关；成长性高的公司，公司经营业绩的改善与经营者因股权激励增加的持股数显著正相关；强制经营者持股、用年薪购买流通股的激励效果比较好；此外，内部治理机制弱化的公司，经营者存在利用股权激励机制为自己谋利、掠夺股东利益的行为；成立独立的薪酬与考核委员会等机构作为股权激励的实施主体非常关键。② 曹凤岐（2005）对高管的股权激励机制理论进行了系统的分析。他认为高管对公司的业绩有着举足轻重甚至决定性的作用，然而我国对高管人员的薪酬机制改革滞后于对公司体制的改革，这种做法是不可取的。他通过一系列的实证研究，得出如下结论：上市公司应该对高管实行直接持股、股票期权和管理层收购等股权激励方案，在实行这些方案时，要考虑股权激励的市场风险和制度风险。③

（四）高管背景特征的国内研究综述

国内对于高层管理团队与企业绩效之间关系的研究起步比较晚，研究时间还不足10年，因此在理论研究方面，国内学者主要是借鉴国外的高层管理团队理论，基于不同的视角对我国企业的高层管理人员背景特征与企业绩效关系进行实证研究。本书将首先从高层管理团队人口特征的同质性指标和异质性指标对企业绩效的影响两方面进行

---

① 叶建芳、陈潇：《我国高管持股对企业价值的影响研究》，《财经问题研究》2008年第3期。
② 周建波、孙菊生：《经营者股权激励的治理效应研究》，《经济研究》2003年第5期。
③ 曹凤岐：《上市公司高管人员股权激励研究》，《北京大学学报》2005年第6期。

综述，然后再分别从公司治理、公司成长性、公司国际化、行业以及公司战略决策的视角对国内研究进行综述。

1. 高层管理团队人口特征同质性指标与企业绩效

国内最早进行高层管理团队背景特征与企业绩效之间的关系研究的是魏立群和王智慧（2002），他们研究在沪深两市上市的114家公司的高层管理人员的有关特征与企业绩效之间的关系时发现，处于转型经济中的中国企业高管团队的人口特征与企业绩效之间的关系与西方国家并不相同。[①] 国内学者对高层管理团队与企业绩效之间关系的研究主要是基于团队异质性进行研究，在为数不多的同质性指标研究文献中，朱治龙、王丽（2004）考察了湖南省上市公司经营者个性特征与公司绩效之间的关系，结果发现经营者的年龄、资历与公司绩效负相关，而经营者的学历、社会地位与公司绩效正相关。并且他们首次将政治面貌是否为党员考虑到高层管理人员的背景特征中，结果发现政治面貌为党员的经营者的公司绩效要好于经营者为非党员的公司，他们据此为公司选拔经营者提出相应的建议。[②] 李春涛、孔笑微（2005）将托宾Q值作为企业经营绩效，研究1999—2003年我国上市公司的经理层教育水平与公司经营绩效之间的关系发现，它们之间存在显著的正相关关系，而且由于各地区的经济发展程度不同，教育水平的市场回报率也不相同：经济发达地区的经理层教育水平对公司绩效的作用更加显著。[③] 肖久灵（2006）以华东地区86家企业为研究对象，分析了企业高层管理团队的组成特征对团队效能的影响。他认为教育水平对团队效能有积极的影响，而平均年龄越大，则会导致团队创新能力缺失；而对于平均任期，他认为考虑到成员之间的冲突磨合问题，随着任期的增长，团队效能会呈现先上升后下降的趋势；同

---

① 魏立群、王智慧：《我国上市公司高管特征与企业绩效的实证研究》，《南开管理评论》2002年第4期。
② 朱治龙、王丽：《上市公司经营者个性特征与公司绩效的相关性实证研究》，《财经理论与实践》2004年第2期。
③ 李春涛、孔笑微：《经理层整体教育水平与上市公司经营绩效的实证研究》，《南开经济研究》2005年第1期。

时，高层管理团队还应当保持适当的异质性，这样才能提升管理团队的工作效率，进而提升团队效能。① 陈伟民（2007）以沪深两市的156家上市公司为研究对象，考察我国企业高层管理团队的人口特征与企业绩效之间的关系时发现，我国上市公司高层管理人员的职业来源多样化和平均年龄与企业绩效呈正相关关系，而高管团队的平均学历水平以及学历水平的异质性对企业绩效并无显著影响。② 江岭（2008）运用多元统计回归模型研究高层管理团队特征对企业绩效的影响，发现高层管理团队的平均教育水平、平均任期与企业绩效呈正相关关系。③ 陈同扬等（2010）基于高管团队成员之间的血缘、学缘、地缘等因素研究了高管团队关系一致性对企业绩效的影响，结果发现我国企业高管团队的关系一致性与企业绩效正相关，但是随着企业规模的扩大，这种正相关关系逐渐被削弱。④

2. 高层管理团队人口特征异质性指标与企业绩效

国内学者研究高层管理团队异质性对企业绩效影响的文献相对较多，王道平和陈佳（2004）研究发现，高管团队成员良好的归属感可以加强团队异质性与企业绩效之间的相关性，而任期的延长有利于良好归属感的建立，从而在保持稳定性的基础上提升企业绩效。⑤ 张平（2006）对沪深两市356家上市公司在2001—2002年的数据进行研究发现，企业绩效与高层管理团队的任期异质性、职业经验异质性呈负相关关系，这与西方学者基于团队凝聚力理论所得结论相同。⑥ 陈立梅（2007）基于高层管理团队的异质性对冲突和认知一致性视角分析

---

① 肖久灵：《企业高层管理团队的组成特征对团队效能影响的实证研究》，《财贸研究》2006年第2期。

② 陈伟民：《高管层团队人口特征与公司业绩关系的实证研究》，《南京邮电大学学报》（社会科学版）2007年第1期。

③ 江岭：《高层管理团队特征对企业绩效的影响——基于我国上市公司的实证分析》，《中原工学院学报》2008年第4期。

④ 陈同扬、刘玲、曹国年：《中国企业高管团队关系一致性对企业绩效的影响研究——以上市公司为例》，《财经理论与实践》2010年第7期。

⑤ 王道平、陈佳：《高管团队异质性对企业绩效的影响研究》，《现代财经》2004年第24期。

⑥ 张平：《高层管理团队异质性与企业绩效关系研究》，《管理评论》2006年第6期。

了冲突对企业绩效的影响。① 顾仰洁等（2008）通过对63个团队进行研究发现，团队成员的信息异质性（学历、工作期限异质性等）如果较大，不利于营造良好的团队氛围（信任、程序公平氛围等），从而对团队士气有消极作用，不利于企业稳定和企业绩效的提高。② 贾丹（2008）通过对沪深两市233家上市公司在2004—2006年高层管理团队成员的面板数据进行研究发现，高层管理团队的专业异质性和职业来源异质性与企业绩效正相关；教育水平异质性与企业绩效负相关；而任期异质性与企业绩效的关系还受到所在行业竞争性的影响。③

部分学者还针对高层管理团队的异质性指标通过企业的创新能力影响企业绩效进行了研究，如谢凤华等（2008）研究高层管理团队异质性与企业技术创新绩效关系发现，民营企业高层管理团队教育水平异质性对R&D绩效、生产绩效和创新绩效均有显著的积极影响；任期异质性对创新绩效有正向影响；而年龄异质性对生产绩效、创新绩效和营销绩效均有负面影响。④ 陈忠卫和常极（2009）通过对高层管理团队成员进行问卷调查研究了高管团队的异质性与公司创新能力和公司绩效之间的关系，结果发现高管团队的异质性不仅与公司创新能力和公司绩效直接正相关，而且高管团队的异质性还通过创新能力正向促进企业绩效，即创新能力是连接高管团队异质性与公司绩效的桥梁。⑤

3. 高层管理团队人口特征与公司国际化

部分学者还对处于国际化背景情况下的高层管理团队背景特征对企业绩效的影响进行了研究。欧阳慧等（2003）研究了在国际化竞争

---

① 陈立梅：《高层管理团队（TMT）的异质性、冲突管理与企业绩效》，《现代管理科学》2007年第7期。

② 顾仰洁、田新民、李宁：《团队氛围影响下信息异质性与团队士气关系研究》，《上海管理科学》2008年第2期。

③ 贾丹：《论不同行业背景下高管团队异质性对企业绩效的影响》，《商业时代》2008年第18期。

④ 谢凤华、姚先国、古家军：《高层管理团队异质性与企业技术创新绩效关系的实证研究》，《科研管理》2008年第29期。

⑤ 陈忠卫、常极：《高管团队异质性、集体创新能力与公司绩效关系的实证研究》，《软科学》2009年第9期。

环境中，我国上市公司高层管理团队的教育水平、职业来源和任期对企业绩效的影响。[1] 他们发现高层管理团队的教育水平、职业来源和任期异质性与企业绩效之间存在正相关关系，并在一定范围内随着国际化水平的提高而日益增强，因此他们建议国内面临国际化竞争的企业要适当提升高层管理团队异质性。宋渊洋等（2009）基于高层梯队理论分析了 CEO 年龄、教育程度和任期对公司的国际化战略的影响，结果发现由于受教育程度越高，越倾向于规避国际化风险，导致 CEO 的教育程度与国际化程度显著负相关；CEO 的年龄与国际化战略呈"U"形关系，而 CEO 的任期越长，越有利于提升上市公司的国际化程度。[2] 纪春礼等（2010）采用嵌套层级模型方法对企业国际化绩效的影响因素进行研究发现，管理层的学习能力、持股比例和年龄对企业国际化绩效有显著影响，但管理层薪酬对企业国际化绩效的影响并不显著。[3]

4. 行业特征对高层管理团队人口特征与公司绩效关系的影响

根据代理成本理论，行业特征作为控制变量也有可能对企业绩效产生影响，因此一些学者基于行业特征视角对此进行了研究。王颖（2004）研究西安高新区内企业高管人员和企业经营业绩发现，对于高新技术产业来说，高层管理团队的任职时间与企业绩效正相关，而受教育程度与企业绩效的关系并不显著，但是大专以下的教育程度会对企业绩效造成消极影响；而对于非高新技术企业来说，理工类的高层管理人员对企业绩效产生消极影响，而经管类和文史类的高层管理人员却能提升企业绩效。[4] 陈璇等（2005）以我国 IT 行业上市公司为样本进行研究发现，从个人角度的视角来看，年龄异质性增加了高层

---

[1] 欧阳慧、曾德明、张运生：《国际化竞争环境中 TMT 的异质性对公司绩效的影响》，《数量经济技术经济研究》2003 年第 12 期。

[2] 宋渊洋、唐跃军、左晶晶：《CEO 特征与国际化战略——来自中国制造业上市公司的证据》，《中大管理研究》2009 年第 4 期。

[3] 纪春礼、李振东：《管理层特征对企业国际化绩效的影响：基于中国国有控股制造业上市公司数据的实证检验》，《经济经纬》2010 年第 3 期。

[4] 王颖：《企业经营者人力资本构成与企业绩效的关系》，《统计与决策》2004 年第 12 期。

管理人员更换的可能性，而任期的异质性并不能对其做出解释；从团队整体层面来说，高层管理人员更换的可能性与领薪方式异质性显著正相关，而与年龄异质性和任期的异质性不相关。① 孙海法等（2006）运用中国纺织业和信息技术业上市公司的数据研究发现，高层管理团队的组成特征比 CEO 个人特征更能解释企业绩效的变化；对于纺织业公司而言，高层管理团队的规模、平均任期与公司的短期绩效正相关，而平均教育水平与公司长期绩效正相关，团队规模与公司长期绩效负相关。对于信息技术公司来说，高层管理团队的平均任期与公司长期绩效负相关，任期异质性与公司长期绩效正相关，平均年龄与企业当期绩效显著负相关。② 张慧、安同良（2006）以上交所上市的 580 家上市公司为研究样本，将行业作为控制变量的前提下分析了我国上市公司董事会成员的学历与公司绩效之间的关系，结果发现只有在金融行业中学历水平与公司绩效呈现低水平的正相关关系，其余行业均不存在相关关系。③ 贾丹（2008）认为处于竞争较弱行业中的企业高层管理团队任期异质性与企业绩效正相关，而处于竞争较强行业中的企业高层管理团队任期异质性与企业绩效负相关。④ 贺远琼等（2009）采用元分析方法对研究高层管理团队特征与企业绩效关系的文献进行定量化研究发现，不同高层管理团队特征与企业绩效之间存在显著相关关系，但相关方向却有显著差异。运用分层线性模型发现国家、行业特征等是导致研究结果差异的重要原因。⑤ 余国新等（2010）研究中小板高新技术行业上市公司的高管背景特征与企业绩效之间的关系发现高层管理团队的教育背景、海外背景、任期和持股

---

① 陈璇、李仕明、祝小宁：《团队异质性与高层更换——我国上市 IT 公司的实证研究》，《管理评论》2005 年第 8 期。

② 孙海法、姚振华、严茂胜：《高管团队人口统计特征对纺织和信息技术公司经营绩效的影响》，《南开管理评论》2006 年第 9 期。

③ 张慧、安同良：《中国上市公司董事会学历分布与公司绩效的实证分析》，《南京社会科学》2006 年第 1 期。

④ 贾丹：《论不同行业背景下高管团队异质性对企业绩效的影响》，《商业时代》2008 年第 18 期。

⑤ 贺远琼、杨文、陈昀：《基于 Meta 分析的高管团队特征与企业绩效关系研究》，《软科学》2009 年第 1 期。

比例与公司绩效显著正相关，而年龄、性别、政治背景、专业对公司绩效无显著影响。①

5. 高层管理团队人口特征与公司成长性

高静美、郭劲光（2006）认为在高层管理团队成立初期应该运用人口特征学对企业战略决策和组织绩效进行分析。因此，许多学者采用人口特征学方法研究高层管理团队在初创期其人口特征对公司成长性的影响。②陈晓红等（2006）研究我国中小板上市公司的高管素质与公司成长性之间的关系，结果发现高管学历与公司成长性呈正相关，而高管年龄却与其负相关。专业技能、工作经验和综合素质对公司的成长性并无显著影响，这与西方研究结论并不一致，他们从我国的市场规则和国家干预等方面对这一现象进行了合理的解释。③黄昕等（2010）研究2004—2007年我国中小企业板块上市公司的高管团队知识结构特征与企业绩效之间的关系发现，高管团队的教育水平与企业呈成长性正相关，而高管团队的科学工程专业背景则对企业的成长性产生消极影响。④徐经长、王胜海（2010）依据高层梯队理论，从高级管理人员的人力资本视角研究高管特征对上市公司成长性的影响发现，上市公司的成长性与高管团队的平均年龄负相关，而与平均任职期间正相关，并且国有控股公司和非国有控股公司的高管特征与公司成长性之间的关系有明显差异。⑤

6. 高层管理团队人口特征与公司战略决策

古家军和胡蓓（2008）对民营企业进行调查后，运用相关分析和结构方程构建高层管理团队特征异质性对战略决策影响的模型发现，

---

① 余国新、程静、张建红：《中小板高新技术行业上市公司高管背景特征与经营绩效关系的研究》，《科技管理研究》2010年第1期。
② 高静美、郭劲光：《高层管理团队（TMT）的人口特征学方法与社会认知方法的比较研究》，《国外社会科学》2006年第6期。
③ 陈晓红、张泽京、曾江洪：《中国中小上市公司高管素质与公司成长性的实证研究》，《管理现代化》2006年第3期。
④ 黄昕、李常洪、薛艳梅：《高管团队知识结构特征与企业成长性关系——基于中小企业板块上市公司的实证研究》，《经济问题》2010年第2期。
⑤ 徐经长、王胜海：《核心高管特征与公司成长性关系研究——基于中国沪深两市上市公司数据的经验研究》，《经济理论与经济管理》2010年第6期。

除任期异质性对战略决策无显著影响外，中国民营企业的高层管理团队背景特征与企业绩效之间的关系与西方研究结论相似。①贺远琼、杨文（2010）运用元分析和分层线性模型研究了国内外学者关于高管团队特征与企业多元化战略之间的关系，结果发现高管团队规模与企业多元化存在正相关关系，而高管团队的平均年龄、教育背景异质性与企业多元化战略显著负相关，而且国家和行业也是影响它们关系的重要因素。②姚振华、孙海法（2010）基于行为视角研究了高管团队的组成特征与行为整合之间的关系，从而将高管团队的组成特征与公司战略决策通过行为整合联系起来。③

目前对于高层管理团队的研究多数是针对人口特征与企业绩效直接关系，往往忽略了高层管理团队人口特征学方法的缺陷，以及高管团队人口特征与企业绩效之间可能存在的中间变量，于是部分学者对这一问题进行了总结，并探寻新的研究方法。如高静美、郭劲光（2006）针对高层管理团队的人口特征学方法和认知方法进行了比较研究，他们认为这两种方法应该互为补充，在高层管理团队成立初期应该主要运用人口特征学对企业战略决策和组织绩效进行分析，而在高管团队发展的中后期则应该综合运用这两种方法。④陈伟民（2007）通过分析高层管理团队在获取信息资源、减少交易费用及促进团队成员合作等方面的作用，建立了以社会资本为中间变量的高层管理团队人口特征对公司绩效产生影响的机制。⑤刘保平、陈建华（2007）也认为将社会资本作为高管团队的人口特征影响企业绩效的

---

① 古家军、胡蓓：《企业 TMT 特征异质性对战略决策的影响》，《管理工程学报》2008 年第 3 期。
② 贺远琼、杨文：《高管团队特征与企业多元化战略关系的 Meta 分析》，《管理学报》2010 年第 7 期。
③ 姚振华、孙海法：《高管团队组成特征与行为整合关系研究》，《南开管理评论》2010 年第 13 期。
④ 高静美、郭劲光：《高层管理团队（TMT）的人口特征学方法与社会认知方法的比较研究》，《国外社会科学》2006 年第 6 期。
⑤ 陈伟民：《高管团队人口特征、社会资本和企业绩效》，《郑州航空工业管理学院学报》2007 年第 25 期。

中介是解决高管人口特征影响绩效"黑箱"问题的新方向。[①] 赵睿（2010）则基于代理理论、管家理论和分配正义理论，阐述了薪酬影响企业绩效的内在机制，同时从高管团队的规模、年龄、教育、任期异质性方面论述了高管团队影响企业绩效的机制。[②] 这些研究为探讨高层管理团队人口特征与企业绩效之间关系开拓了新的思路和方法。

综合来看，国内学者对高层管理团队和企业绩效关系的研究起步较晚，主要是借鉴西方研究理论，由此所得出的结论还有待于进一步验证。国内学者还根据我国国情和经济情况进行了相应的理论创新，比如在考虑影响公司绩效的因素时，分别引入了政治背景、国家控股等因素。

第三节 研究方法

本书所采用的方法主要有以下几种：

方法一：理论推理与实证检验相结合

本书首先对高层管理团队的相关理论进行了介绍：包括 TMT 团队异质理论、TMT 团队凝聚理论，然后对目前公司绩效的有关方法进行了简单的介绍，建立了衡量公司绩效与高层管理团队特征（激励机制和背景特征）的计量模型。然后我们对它们之间的关系分别建立了模型，进行了实证分析。最后我们对分析的结果，给出了政策建议。

方法二：定性分析和定量分析相结合

本书对三个行业中高管团队特征和公司的净资产收益率之间可能存在的关系从各个角度进行了理论分析。通过综合考虑各种理论模型，针对我国当前的市场经济情况，提出了本书的研究假设。本书首先利用收集的数据对各个变量进行了描述性统计分析，然后对各个变

---

① 刘保平、陈建华：《高管社会资本：高管团队人口特征绩效研究新进展》，《企业活力》2007 年第 7 期。

② 赵睿：《高管薪酬和团队特征对企业绩效的影响机制研究》，《中国社会科学院研究生院学报》2010 年第 6 期。

量与因变量之间存在的相关关系进行了检验，最后利用计量模型对数据回归得出定量的结果。

方法三：比较分析法

在本书的研究中，我们充分地利用了比较分析法对不同的行业进行了分析。首先是不同行业高管背景特征描述性统计的对比。我们把每个行业各个变量的平均值进行了简单对比，从而发现其中的不同。其次是不同行业高管背景特征与企业绩效的面板回归结果的对比。本书从各个变量的显著性不同，发现各个行业自身独有的特点，从而在政策制定时有的放矢。最后是不同行业薪酬机制之间的对比。本书把各个行业高管的货币薪酬和高管的持股比例与企业绩效的关系进行了对比，从而使问题的研究更加深入，政策建议更加有针对性和科学性。

第四节 研究框架与创新点

一 研究框架

高管团队的相关特征对公司绩效的影响是本书研究的主题。本书的理论研究和实证研究将始终围绕这个主题进行。本书一共分为七个部分来阐述我们所研究的问题。在第一部分里面，我们着重对研究的背景、目的和意义、研究的方法、研究的创新点以及相关理论和国内外的文献综述进行了描述。本章的描述主要是给读者认识本书给予一个宏观上的把握，了解本书写作的出发点，理解本书的目的和意义以及本书的主要创新之处。

在第二部分本书主要是对上市公司和高管团队的现状进行深度的分析，通过上市公司的一些表象来引入本书的研究主题。根据研究的需要我们把上市公司分成了三类行业，即劳动密集型、资本密集型和技术密集型。在资本密集型企业中，选择房地产行业作为代表；在技术密集型企业中，选择信息技术行业作为其代表；在劳动密集型行业中，选择纺织服装业作为代表。我们对这三个行业采用了同样的分析思路：首先，对该行业上市公司的财务状况和一些行业特征进行分析，展示它们目前的境况；其次，我们对各个行业上市公司中存在的问题进行分析，让读者了解到本书研究的意义和必要性；最后，我们对每个行业高管团队的一些人口特征现状和薪酬状况进行描述，让读者对所研究的问题在感性上有个认识。

通过前面两部分的简单描述和铺垫，接下来的第三部分、第四部分、第五部分、第六部分是本书的核心所在。本书在第三部分和第五部分主要讲述模型设计与变量选择。首先，简述了因素分析及变量的选择，包括因变量、自变量和控制变量的选择依据，以及对各个变量与因变量之间的关系进行理论分析，从而提出本书的研究假设。其次，对本书所选取的样本及数据的来源，以及数据的处理方法和程序进行了简单的介绍。最后，我们对本书所选用的方法：描述性统计方法、相关性分析方法和面板数据分析方法进行了介绍，让读者了解方法的原理。

在本书的第四部分，对每个行业做了同样的实证分析。首先，对所选取的样本进行一个描述性统计分析，发现该行业历年的变化情况；其次，通过数据形式转换，使用相对粗略的相关系数估计法对高管的背景特征与公司绩效之间的相关关系进行检验；最后，利用面板数据回归的方法对每个行业做了一个回归分析，通过分析揭示高管背景特征的各个变量对公司绩效的影响系数及其显著性水平，并且针对实证分析的回归结果，从现实经济环境出发给予解释。

在本书的第六部分，分别对高管的货币薪酬和高管的持股比例对公司绩效的影响进行了实证分析。通过对三个行业的分析，揭露上市公司高管激励机制中存在的问题；同时，鉴于激励机制和绩效的相互关系，本书又研究了绩效对公司高管的货币薪酬和持股比例的影响，进一步分析了两种激励效果之间的有效性。

在本书的第七部分，主要是根据前面的实证分析结果，提出相应的结论和政策建议。在文章的结尾，我们对本书中存在的不足进行分析，并提出了下一步的展望。

二 本书的创新点

在已有文献的研究基础上,本书提出了以下创新点:

首先,从高层团队背景特征的视角,研究了其与公司绩效的关系;通过影响因素分析,建立了上市公司高管背景特征对企业绩效的影响模型;以不同类型的上市公司为背景,进行了模型的实证研究,得出高管背景对公司绩效有重要影响的结论,揭示了不同的行业中高管团队对公司影响的差异。

其次,系统分析和研究了高管背景的激励机制对公司绩效的影响,建立了影响模型;不仅研究了高管团队的薪酬和持股比例对公司绩效的影响,而且研究了公司绩效对高管团队薪酬和持股比例的影响,分析了高管激励机制的合理性。

最后,在研究高管背景特征对公司绩效的影响时,采用了面板数据建立影响模型;研究表明,采用既包含截面数据又包含时间序列数据的面板数据,能够避免某些缺陷,取得良好效果。

第五节 本章小结

从研究背景出发,提出本课题"上市公司高管团队对公司绩效的影响研究"的目的和意义,并对国内外相关文献做综述,分析了该领域目前研究存在的问题与不足,在此基础上,提出本书的研究思路、方法、重点及创新点。

第二章　上市公司及其高管团队现状分析

第一节　上市公司主要类型及产业选择

根据研究的需要我们选取了上市公司中的三类行业作为研究对象，即劳动密集型、资本密集型和技术密集型。在资本密集型企业中，选择房地产行业作为代表，因为房地产行业在单位产品成本中，资本成本与劳动成本相比所占比重较大；在技术密集型企业中，选择信息技术行业作为代表，信息技术行业作为典型的技术密集型行业对科学技术要素依赖大大超过对其他生产要素的依赖；在劳动密集型行业中，选择了进行生产主要依靠大量使用劳动力为主的纺织服装业作为代表。首先，对这三个行业采用了同样的分析思路：对该行业上市公司的财务状况和一些行业特征进行分析，展示它们目前的境况；其次，我们对各个行业上市公司中存在的问题进行分析，让读者了解到本书研究的意义和必要性；最后，我们对每个行业高管团队的一些人口特征现状和薪酬状况进行描述，让读者对所研究的问题在感性上有个认识。

第二节　房地产行业上市公司及其高管团队现状分析

按照国家统计局《国民经济行业分类》的定义，房地产行业属于第三产业，它包括房地产开发经营、物业管理、房地产中介服务以及其他房地产活动四大类。其中，房地产开发经营是指房地产开发企业进行的基础设施建设、房屋建设，并转让房地产开发项目或者销售、出租商品房活动；物业管理是指物业管理企业依照合同约定，对物业进行专业化维修、养护、管理，以及对相关区域内的环境、公共秩序进行管理，并提供相关服务的活动；房地产中介服务是指房地产咨询、房地产价格评估、房地产经纪等活动。

我国的房地产行业起步于20世纪90年代，1994年7月国务院发布《国务院关于深化城镇住房制度改革的决定》，开启了我国城镇制度正式改革的道路。1998年7月国务院发布《关于进一步深化住房制度改革加快住房建设的通知》，实现了住房分配货币化，这对我国房地产行业的发展具有里程碑式意义。

2003年国务院发布的《国务院关于促进房地产市场持续健康发展的通知》指出："房地产业关联度高，带动力强，已经成为国民经济的支柱产业；促进房地产市场持续健康发展，是提高居民住房水平，改善住房质量，满足人民群众物质文化生活需要的基本要求；是促进消费，扩大内需，拉动投资增长，保持国民经济持续快速健康发展的有力措施；是充分发挥人力资源优势，扩大社会就业的有效途径。"由此可见，政府对房地产业在促进国民经济健康发展中寄予了较大期望。

1998年以来，随着城镇住房体制改革的推进，城市化进程的加快和国家积极的财政政策的实施和引导，我国房地产行业取得了长足的发展。房地产开发投资额由1999年的4103.20亿元增加到2009年的36241.8亿元，2009年同比增长16.15%。由图2-1可知，房地产开发投资额占国内生产总值的比重一直呈上升趋势，由1999年的4.57%上升到2009年的10.64%，而房地产开发投资额占全社会固定资产投资额的比例也由1999年的13.74%上升到2008年的18.05%，由于受全球金融危机和国家宏观调控政策的影响，该比率在2009年下降为16.14%。由图2-2可知，房地产开发投资增长速度持续快于国内生产总值增长速度，从1999年到2009年，年均增长率达到22.85%，接近国内生产总值增长速度（12.18%）的两倍。由此可见，我国房地产业对固定资产投资和国民经济发展起到了重要的拉动作用，并且房地产行业已经发展成为我国经济发展的支柱性产业。房地产行业的快速发展一方面提供了大量的住房，解决了广大居民的住房问题；另一方面扩大了内需、拉动了经济，为促进我国经济的发展做出了巨大贡献。

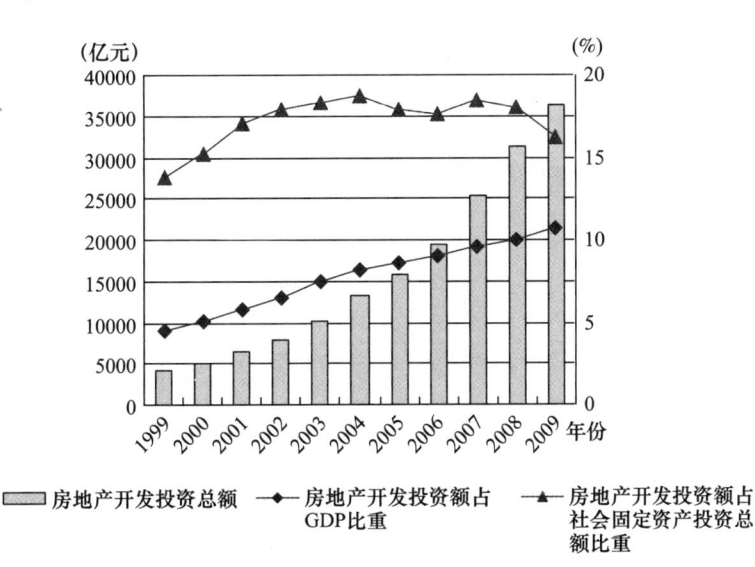

图 2-1　1999—2009 年房地产开发投资额及其占社会固定资产投资总额和 GDP 比重

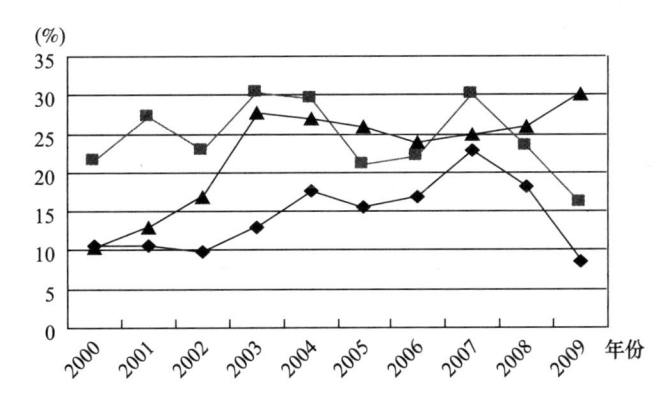

图 2-2　2000—2009 年 GDP、全社会固定资产投资总额及房地产开发投资总额增长率

1998年住房体制改革以来，房地产行业之所以能够快速发展，房地产企业起到了举足轻重的作用。1999年年底，我国共有25762家房地产企业，而到了2009年这一数量增长到80407家。房地产企业总资产也由1999年的1.87万亿元增长到2009年的17万亿元，单个房地产企业平均资产也由7276万元增长至21165万元，表明我国房地产企业不仅在数量上有所增加，而且在规模上也有所扩大。

截至2009年12月31日，在上海证券交易所和深圳证券交易所上市的房地产公司共有104家（A股和中小板），资产总计达到9600亿元（数据来源于国泰安数据库），这些房地产上市公司在中国房地产业一直处于领先的地位，如万科地产、保利地产、招商地产等。

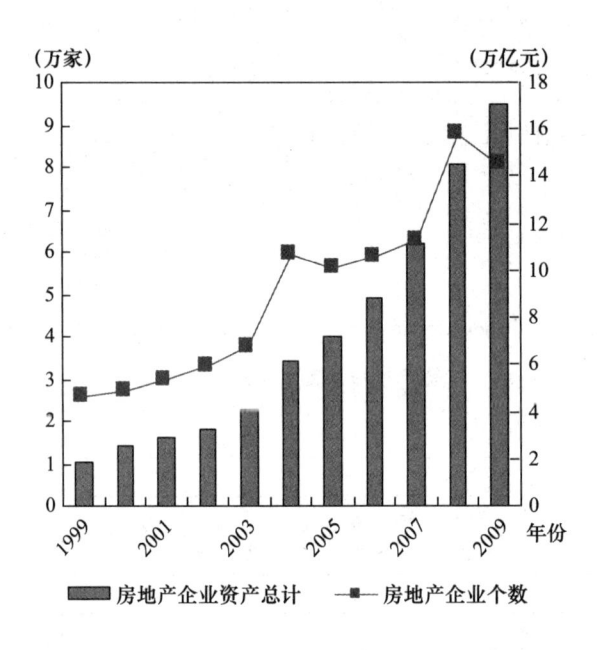

图2-3 1999—2009年房地产企业个数及资产总计

一 房地产行业上市公司特征分析

（一）整体业绩良好，公司稳步健康发展

2005年年底，房地产行业上市公司共有97家，总资产为2317亿元，平均每家公司的总资产规模仅为23.88亿元。截至2009年12月

31日，房地产行业共有104家上市公司，总资产规模也增长到至9600亿元，平均每家公司的总资产规模92.31亿元，增长了近四倍。2009年，房地产行业上市公司实现主营业务收入2426亿元，同比增长531亿元；实现净利润388亿元，同比下降297亿元，但平均每股收益为0.33元。在104家上市房地产公司中，仅有3家上市公司净利润为负，这表明我国房地产行业上市公司的整体业绩良好，并稳步健康发展。

（二）公司间规模相差较大，发展不均衡

从2009年的会计年度报告来看，房地产上市公司在总资产、净利润等公司规模和经营业绩指标上存在较大差距，如总资产最大的万科房地产公司，其总资产规模达到1376亿元，而规模最小的ST兴业总资产仅为496万元，并且万科房地产公司一家的资产总规模相当于房地产上市公司中资产排名靠后的62家公司资产的总和，这充分体现了房地产上市公司在规模上的差距；在营业收入上，万科达到489亿元，是ST兴业（41.67万元）的11.7万倍；美国次贷危机所引发的国际金融危机对我国经济造成了严重冲击，同时也波及房地产市场，在2009年，万科房地产公司仍然实现净利润64.3亿元，相当于净利润排名靠后的69家上市房地产公司，其中*ST海鸟、园城股份和天伦置业的净利润为负；世联地产的每股收益最高，为1.41元/股，最小的ST兴业为-0.7元/股（见表2-1）。这表明房地产公司之间的盈利能力相差较大，充分体现出房地产公司之间发展的不均衡。

表2-1 上市房地产公司规模及经营业绩最值

公司名称	总资产（万元）	主营业务收入（万元）	净利润（万元）	每股收益（元）
万科（最大值）	13760855	4888101	643000	
世联地产（最大值）				1.41
ST兴业（最小值）	496			-0.7
ST兴业（最小值）		41.67		
*ST海鸟（最小值）			-6082	

二 房地产行业上市公司财务状况分析

（一）房地产上市公司资产负债情况

从房地产上市公司的资产负债情况来看，从 2006 年第一季度开始，房地产上市公司负债规模逐年增大，资产负债率总体呈上升趋势，从 0.60 上升到 2010 年第二季度的 0.68，负债规模偏大（如图 2-4 所示），但考虑到房地产行业的资金链特点，从整体来看我国房地产上市公司的资产负债情况还是比较合理的，只是今后必须严格控制该比率，防止其进一步上升。

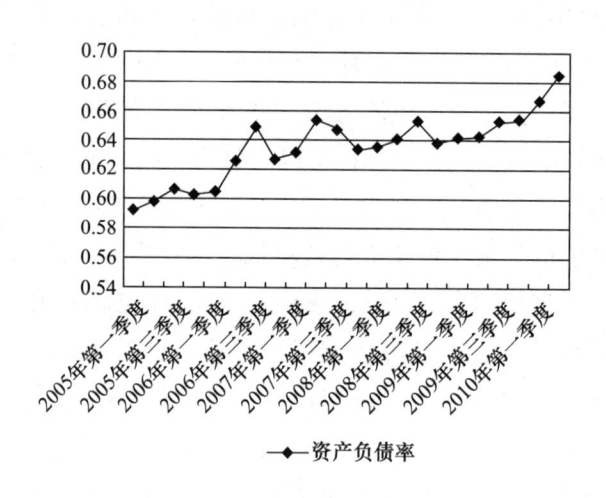

图 2-4 房地产上市公司资产负债率

（二）房地产上市公司货币资金情况

货币资金是衡量房地产公司流动性及其经营情况的重要指标，不管是土地购置费用，还是新项目开工和继续施工所用资金，其来源就是货币资金。在当前货币政策收紧，贷款难度加大的情况下，货币资金是公司正常运营的重要保证。从货币资金情况来看，2005 年第一季度到 2007 年第二季度房地产上市公司的货币资金在小幅稳步增长，而从 2007 年第二季度开始，房地产上市公司的货币资金从 763 亿元迅速增长到 2009 年第三季度的 2165 亿元，房地产上市公司的流动性和运营情况良好，此后三个季度均保持平稳态势，但在 2010 年第二季度货币资金量下降为1707亿元，流动性有所减少（如图2-5所示）。

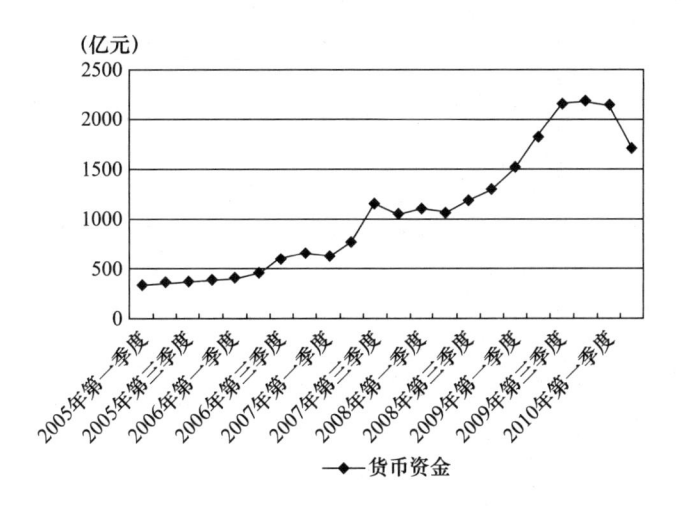

图2-5 房地产上市公司货币资金情况

（三）房地产上市公司偿债能力情况

从偿债能力来看，速动比率相对较为平稳，一直维持在0.6左右，而在2007年第三季度达到峰值后，受国家房地产调控政策的影响，公司存货量上升，导致该指标连续五个季度下滑至0.48，之后又稳步上升至0.6左右；对于流动比率来说，该指标一直稳步上升，在2007年第三季度后的五个季度也保持平稳状态，但是流动比率与速动比率相差一倍多，这说明由于受房地产调控政策的影响，房地产企业的库存增加，流动性缺失（如图2-6所示）。因此，虽然房地产上市公司的偿债能力仍处于正常水平，但是存在一定程度的资金链断裂风险。

（四）房地产上市公司盈利能力情况

从盈利能力来看，2005年第一季度以来，房地产上市公司的平均净资产收益率为9.46%。虽然由于受国家房地产调控政策的影响，房地产上市公司的净资产利润率在2008年发生下滑，但是近三年来的净资产利润率均位于10%以上（如图2-7所示），相对于其他行业来说，房地产行业保持着较高的盈利能力。

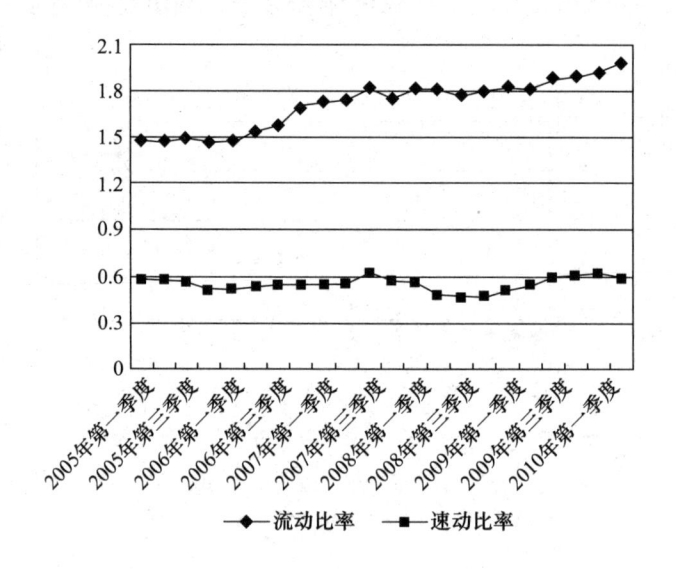

图 2-6　房地产上市公司流动比率和速动比率

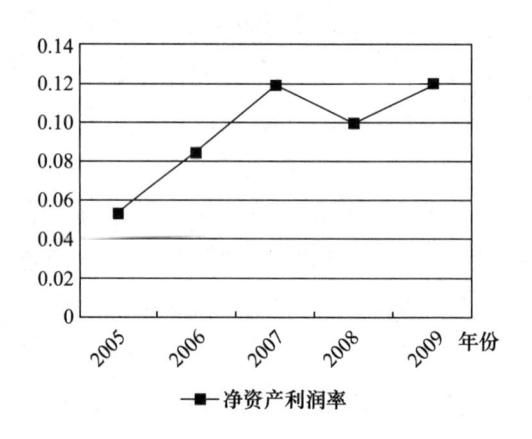

图 2-7　房地产上市公司净资产利润率

虽然房地产行业发展较为迅速,在国民经济中具有重要的地位和作用,并且已成为我国经济发展的支柱产业,但是它在发展过程中仍然存在一系列的问题,在上市房地产公司中主要表现为:公司之间发展不均衡、业绩相差较大,整个行业呈现周期性特征,并且受国家宏观经济政策影响较大。

房地产行业上市公司特征分析表明，不同上市公司之间的经营业绩相差较大。这主要是受公司之间的规模差异影响，在国家出台住房贷款利率调整等一系列措施后，银行信贷紧缩，导致部分公司面临较大市场风险，使其经营业绩较差。

房地产行业整体业绩受宏观政策影响较大，虽然自2005年以来，上市公司业绩基本保持稳步增长，但是受到宏观政策的影响，近两年的增长速度已明显低于2005—2007年。因此要鼓励房地产公司提高财务管理和抗风险能力，加强内部控制，提升核心竞争力，使房地产行业实现健康、可持续发展。

三 房地产行业上市公司高管团队特征描述

考虑到高层管理团队人口特征数据的可得性，本书选择在上海证券交易所和深圳证券交易所上市的104家房地产企业为研究对象，并将它们按照2009年年底的总资产进行排名，选取前30名房地产企业为本书研究样本，它们的总资产占所有房地产上市公司总资产的50.9%，能够代表所有的房地产上市公司。

（一）高层管理团队规模、女性高管人数及政府经历人数

考虑到我国房地产公司受国家宏观调控的影响以及政府与房地产业的特定关系，本书选取有政府经历的高层管理人员作为影响企业绩效的一项因素，以探究有政府工作经历的高层管理人员是否会对公司业绩产生影响。以往研究文献认为女性高层管理人员在协调团队成员之间更具有优势，但同时又受自身客观条件的限制，对于女性高管会如何影响企业绩效并无一致结论，因此本书将探究女性高管人数对公司绩效的影响。

由图2-8可以发现，30家样本公司的高层管理团队规模在2006年缩小，之后团队规模逐步上升，在2009年，30家公司的高层管理人员共有560名，平均每家公司有18.67名。女性高管人数在2007年时达到最多，共有89人，在522名高管人员中所占比例最高，达到17.05%。虽然总体上女性高管所占比例保持在15%左右，但是对于不同的公司，该比例相差较大，以2009年为例，苏宁环球13位高

层管理人员中共有 5 名女性高管,所占比例达到 38%,而福星股份和万通地产的高管团队中并没有女性高管。总体来看,高层管理团队主要以男性为主,女性高层管理人员所占比例较低。对于高层管理团队中有政府经历的成员人数来说,该指标在 2005—2009 年相对比较平稳,只是在 2009 年有政府经历的高管成员人数达到 30 名,但所占比例仅为 5%,并且多数公司的高层管理团队中没有曾在政府任职的成员。

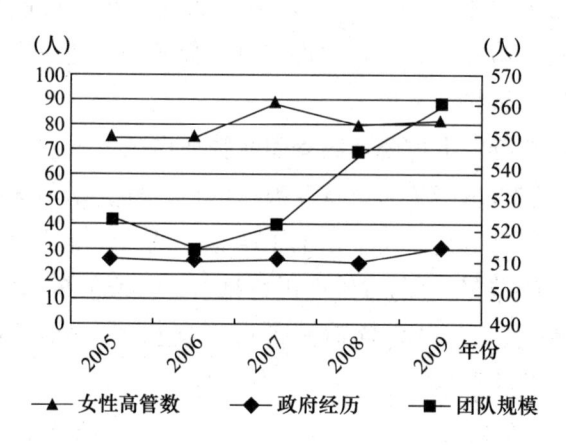

图 2-8 房地产上市公司高管团队规模、女性高管人数及政府经历人数

(二) 高层管理团队成员年龄及任期

由图 2-9 可以发现,我国房地产上市公司高层管理人员的平均年龄呈逐年上升趋势,截至 2009 年,高管团队成员平均年龄达到 47.66 岁,其中年龄最大的为 78 岁(独立董事),年龄最小的为 25 岁。各上市公司之间的高管团队年龄结构也相差较大,如上实发展高管平均年龄为 53.53 岁,平均年龄最小的是亿城股份和云南城投 (40.6 岁)。但是综合 2005—2009 年的高管年龄来看,50 岁以上高层管理人员所占比例较大,也就是说,在房地产市场迅速发展的同时,高层管理团队成员并未呈现出年轻化趋势。对于高层管理人员的平均任期来说,基本维持在两年左右。

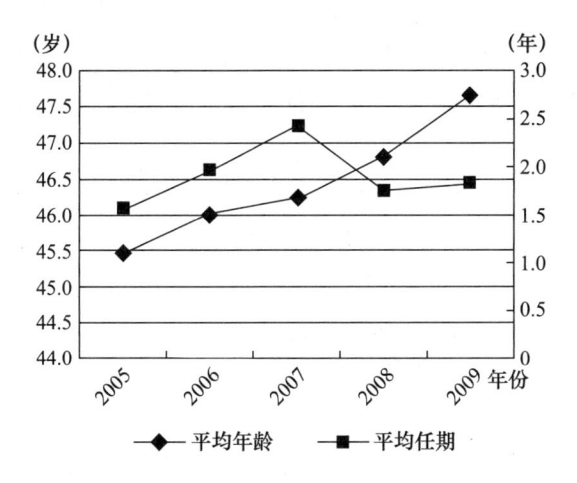

图 2-9　房地产上市公司高管团队平均年龄及平均任期

（三）高层管理团队成员教育背景

本书按照国泰安数据库对高管学历水平分类方法将高管学历分为：中专及中专以下、大专、本科、硕士研究生和博士研究生，房地产上市公司高层管理人员中并没有中专及中专以下，因此从图 3-10 可知，房地产上市公司高层管理团队主要由本科和硕士构成，这两者所占比例在本书研究期间所占比例相对比较稳定，本科学历拥有者约占 45%，硕士占 30% 左右，博士学历拥有者约占 5%。这表

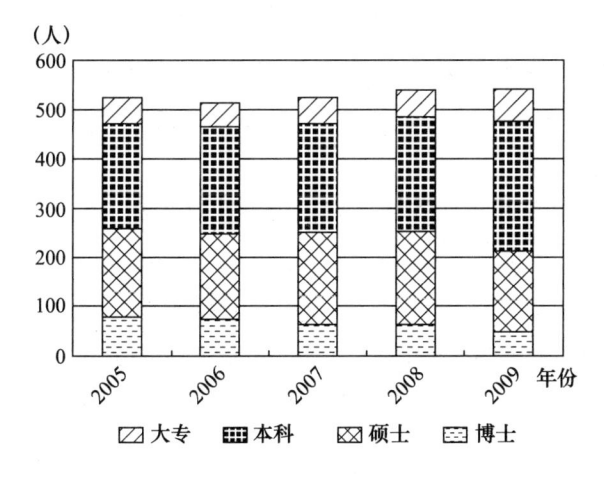

图 2-10　房地产上市公司高管团队学历水平结构

明房地产上市公司高层管理团队整体学历水平较高，而多数博士学历拥有者为独立董事，这在一定程度上提升了高层管理团队总体学历水平。

本书运用Likert五点正向计分法将高层管理人员的学历分别赋予1分至5分，以此表示不同的学历水平，见表2-2。

表2-2　高层管理团队学历水平Likert五点正向计分法划分标准

TMT学历	中专及中专以下	大专	本科	硕士	博士
Likert值	1	2	3	4	5

通过Likert五点正向计分法表示不同的学历水平后，2005—2009年上市房地产公司的平均学历水平为3.5左右，即处于本科和硕士之间。就2009年的公司个体而言，高管团队学历水平最高的是栖霞建设，该公司共有6名博士、4名硕士、3名本科和1名大专学历高层管理人员；高管团队学历水平最低的是福星股份，该公司高层管理人员中共有6名本科、3名硕士和5名大专学历。

本书将高层管理人员的专业分为三类：财会、金融和法律；生产、组织管理专业（管理学、MBA和EMBA等）；工科专业（建筑、土木工程等）。统计结果显示：在2009年，第一类专业共有132人，第二类专业有87人，第三类专业有325人，上市房地产公司高管团队中来自管理相关专业的人员并不多，多是来源于与建筑、土木工程等相关的专业。

（四）高层管理团队薪酬、持股数及兼任人数

2005—2009年，高层管理团队的平均薪酬逐年上升，尤其是2009年达到最大，为399850.15元；高管持股作为另一激励手段，也呈逐年上升趋势。2009年所有高管人员的持股数达到689256801股，国内许多学者认为高层管理人员是否兼任其他公司的高管会影响到本公司的绩效，因此本书将高管是否兼任作为一项控制变量，统计数据显示，高层管理人员的兼职人数一直稳定在300人左右。

表 2-3　　　　高层管理团队薪酬、持股数及兼任人数

会计年度	平均薪酬（元）	高管总持股数	兼任（人）
2005	155712.66	31752756	313
2006	176731.45	3485115	307
2007	300714.76	45722271	285
2008	368773.01	553608909	313
2009	399850.15	689256801	322

第三节　信息技术行业上市公司及其高管团队现状分析

按照国家统计局《国民经济行业分类》的分类，信息技术行业也是第三产业，它包括电信和其他信息传输服务业、计算机服务业和软件业三大类。电信和其他信息传输服务业包括电信、互联网信息服务、广播电视传输服务和卫星传输服务；计算机服务业包括计算机系统服务、数据处理、计算机维修和其他计算机服务；软件业则包括公共软件服务和其他软件服务。

信息技术是一种典型的通用目的技术（General Purpose Technologies，GPTs）。信息技术是目前世界上创新速度最快、适用性最广的高新技术之一，信息技术水平和信息化能力是一个国家创新能力的最突出体现。与其他技术相比，信息技术与传统技术结合后，能够给国民经济在各个领域产生更强的关联和带动效应，使传统农业、工业和服务业的生产方式和组织形态发生变革，不断创造新的经济增长点，培育新的产业形态，有效地提高经济增长的质量和效益。信息技术产业具有增长速度高、技术进步快、经济效益好以及产业关联度高等主导产业的基本特征，已经成为新时期经济增长的主要新动力。

2006年，国家发展与改革委员会发布的《高技术产业发展"十一五"规划》便充分体现出国家对于信息技术产业的重视，《规划》指出了信息技术产业的发展重点：信息产业是国民经济的战略性、基础性和先导性支柱产业。根据数字化、网络化、智能化总体趋势，着力增强电子信息产业创新能力和核心竞争力，大力发展集成电路、软件等基础性核心产业，重点培育下一代网络、新一代移动通信、数字电视、高性能计算机及网络设备等新兴产业群，推动电子信息产业发展由速度规模型向创新效益型转变。

进入21世纪以来，随着信息技术产业在全球的迅猛发展以及国家对信息技术产业的高度重视，我国信息技术产业取得了长足的进步。2003年信息传输、计算机服务和软件业社会固定资产投资为1660.8亿元，"十一五"期间，随着《高技术产业发展"十一五"规划》的发布，该项社会固定资产投资迅速增加，其中2009年同比增长19.71%，达到2588.95亿元；信息传输、计算机服务和软件业增加值在2005年为4904.07亿元，之后逐年上升，在2008年达到7859.67亿元（2009年及2005年之前数据缺失，如图2-11所示，数据来源于国家统计局）。由图2-12可知，规模以上电子制造业和软件业的主营业务收入呈现逐年上升趋势，尤其是软件业，其主营业务收入由2004年的2780亿元增长至2010年的1.3万亿元，平均每年增长29.31%；电子制造业也呈平稳上升态势，由2004年的2.8万亿元增长到2010年的6.4万亿元，平均年增长率为14.66%；两个行业的总体净利润也迅速增加。随着我国信息技术产业的迅猛发展，信息技术产业带来的出口额也迅速增加，2009年信息技术产业带来4572亿美元的出口额，2010年更是达到了5912亿美元，同比增长29.31%，这极大地促进了我国出口额的增加，也对推动我国经济发展、产业结构调整发挥了重要的带动作用（数据来源于中华人民共和国工业和信息化部）。

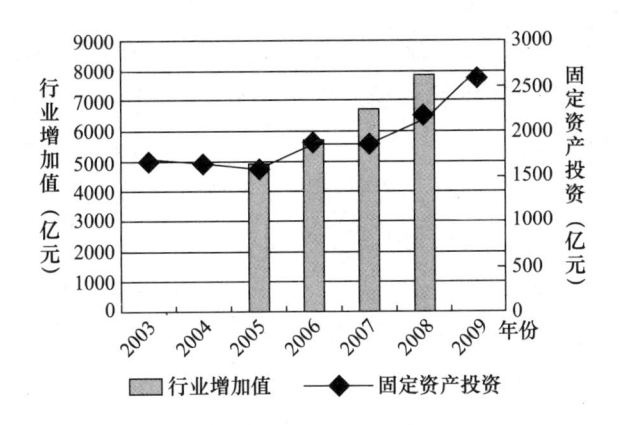

图 2-11　信息传输、计算机服务和软件业固定资产投资、行业增加值

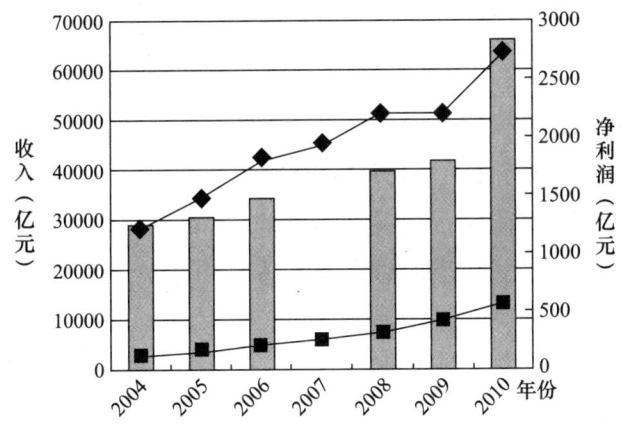

图 2-12　规模以上电子制造业、软件业收入及净利润

表 2-4　　　　　　信息技术产业主要电子产品产量

主要产品名称	2005 年	2006 年	2007 年	2008 年	2009 年
移动通信手持机（万部）	30354.2	48013.8	54857.9	55964	61925
彩色电视机（万台）	8283.2	8375.4	8478	9033.1	9899
微型计算机（万部）	8083.8	9336.4	12073.4	13666.6	18215
打印机（万台）	3555.8	4640.3	4234.7	4334	3641
数码相机（万台）	5522.9	6695.1	7493.5	8188.3	8026
集成电路（亿块）	265.8	335.7	412	417	414

由表2-4可以看出，2005年以来，我国电子产品的产量迅速增长，尤其是微型计算机和移动通信手持机，分别由8000万部和3亿部增长到2009年的1.8亿部和6亿多部，在五年内实现了产量翻一番。彩色电视机、打印机、数码相机和集成电路的产量也在这5年间实现了较高的增长，这便是上文所分析的电子制造业的收入和净利润迅速增长的主要动力。截至2009年年底，我国互联网用户数达到3.84亿，互联网普及率达到28.9%，这在很大程度上促进了我国软件业的发展。

我国信息技术产业能够在21世纪取得高速发展，信息技术行业公司发挥了重要作用，尤其是一些像华为、中兴等领军企业。截至2009年12月31日，在上海证券交易所和深圳证券交易所上市的信息技术公司共有110家（A股和中小板），总资产达到7100亿元（数据来源于国泰安数据库）。

一 信息技术行业上市公司特征分析

（一）行业发展迅速，总体业绩向好

2005年年底，信息技术行业的上市公司仅有77家，总资产为2800亿元，平均每家公司总资产为36.36亿元，而在2009年年底，信息技术行业的上市公司达到110家，总资产达到7100亿元，平均每家公司总资产达到64.55亿元，增长近两倍。2009年信息技术行业上市公司实现主营业务收入4000亿元，净利润228亿元，平均每股收益为0.32元，这说明我国信息技术行业上市公司在2005—2009年发展迅速，并且实现较好的企业绩效。

（二）公司规模相差大，公司发展不均衡

2009年的会计报告显示，信息技术行业上市公司在资产规模及经营业绩上存在较大差异（如表2-5所示），如总资产最大的中国联通，其资产规模达到4192亿元，而规模最小的 *ST朝华总资产仅为0.16亿元，两者相差2.6万倍，并且在所有信息技术行业上市公司中，中国联通一家独大，其资产总规模比其余信息技术行业上市公司资产规模总和还要多1300亿元。在经营业绩方面，中国联通主营业务收入达到1584亿元，是 *ST商务（232万元）的6.8万倍；实现

净利润最高的公司依然是中国联通,达到93.74亿元,相当于其余净利润排名靠后的106家公司,并且在110家上市公司中有14家的净利润为负;每股收益最高的是中兴通讯,为1.4元/股,最小的是*ST博通(-1.25元/股)。这充分体现了信息技术行业公司之间的盈利能力相差较大,发展不均衡的特点。

表2-5　　　信息技术行业上市公司规模及经营业绩最值

公司名称	总资产（亿元）	主营业务收入（万元）	净利润（万元）	每股收益（元）
中国联通（最大值）	4192	15836881	937389	
中兴通讯（最大值）				1.4
*ST朝华（最小值）	0.16			
*ST商务（最小值）		232		
*ST沪科（最小值）			-21013	
*ST博通（最小值）				-1.25

二　信息技术行业上市公司财务状况分析

(一)信息技术行业上市公司资产负债情况

从信息技术行业上市公司的资产负债情况来看,2005年第一季度至2007年第二季度,信息技术行业上市公司资产负债率总体保持平稳趋势,处于0.5—0.52;由于我国信息技术行业比较依赖出口,在各国遭遇由美国次级贷款危机引起的全球性金融危机时,国内企业获得贷款的难度加大,信息技术行业上市公司也更加注重合理的负债比率,因此资产负债率这一指标持续下降,由2007年第二季度的0.52下降至2008年年底的0.45,在此之后,资产负债率持续上升,但仍保持在0.5左右。因此,从总体上来看,我国信息技术行业上市公司的资产负债比率较为合理。

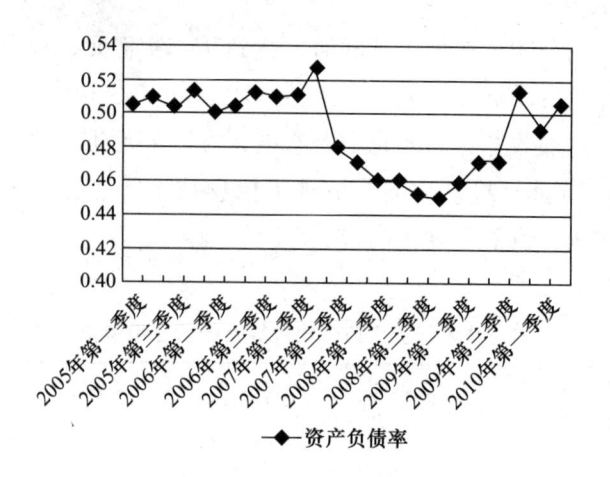

图 2-13　信息技术行业上市公司资产负债率

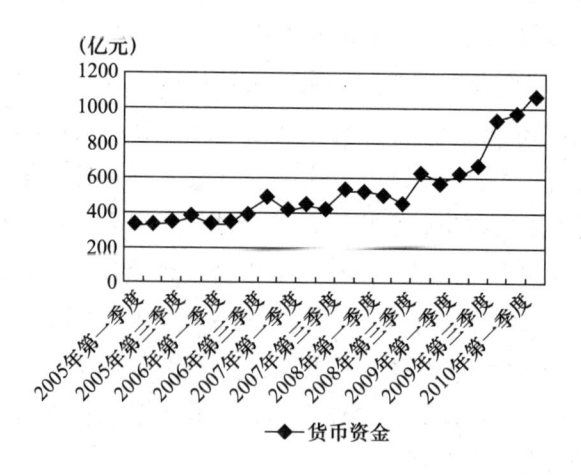

（二）信息技术行业上市公司货币资金情况

从货币资金情况来看，2005 年第一季度到 2009 年第三季度信息技术行业上市公司的货币资金一直在稳步增长，而从 2009 年第三季度开始，货币资金量从 667 亿元迅速增长为 2010 年第二季度的 1072 亿元，这表明信息技术行业上市公司一直保持着较高的流动性，这也为企业的正常运营奠定了资金基础。

图 2-14　信息技术行业上市公司货币资金情况

(三) 信息技术行业上市公司偿债能力情况

从信息技术行业上市公司的偿债能力来看，速动比率和流动比率的变动趋势极为相似。在2005年第一季度至2008年第三季度，流动比率一直保持在1以上，而速动比率也保持在0.8左右，但是在2008年第三季度达到峰值后，它们都出现了不同程度的下滑，在2008年第三季度之后，流动比率一直保持在0.8左右，而速动比率则一直稳定在0.6左右。这说明信息技术行业上市公司的偿债能力在2008年第三季度后开始下降，存在资金链断裂的风险。

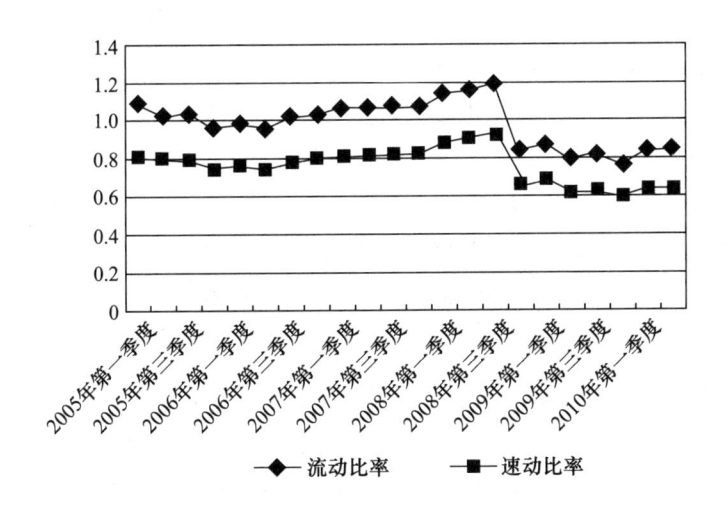

图2-15　信息技术行业上市公司流动比率和速动比率

(四) 信息技术行业上市公司盈利能力情况

从信息技术行业上市公司的盈利能力来看，2005年的盈利能力最差仅为1.05%，此后盈利能力逐步提高，在2008年达到最高值14.18%，但是由于受出口额下降的影响，信息技术行业上市公司在2009年的盈利能力有所下降，达到6.82%（如表2-6所示）。

表2-6　　　　信息技术行业上市公司净资产利润率

会计年度	2005	2006	2007	2008	2009
净资产利润率（%）	1.05	4.72	10.02	14.18	6.82

虽然近年来我国信息技术行业发展迅速，极大地促进了出口额的增长，推动了我国经济的发展，但是还存在以下三个主要问题：一是信息技术产业和发达国家有一定的差距，创新能力不足，而且出口的产品多为低端电子产品或者是代工产品，并没有在技术上取得长足的进步；二是行业中各家上市信息技术行业上市之间发展不均衡、业绩相差较大，并且受国家宏观经济政策影响较大；三是我国信息技术行业比较依赖出口，因此该行业的公司业绩受全球经济周期的影响较大。因此要不断提升我国信息技术产业的创新能力，能够创造信息技术行业的高端产品，提高公司的核心竞争力，这样我国信息技术行业才能够持续稳定、健康地发展。

三 信息技术行业上市公司高管团队特征描述

本书选择在上海证券交易所和深圳证券交易所上市的110家信息技术行业公司为研究对象，并将它们按照2009年年底的总资产进行排名，选取前30名为本书研究样本，它们的总资产占所有信息技术行业上市公司总资产的87.03%，完全能代表信息技术行业上市公司。

（一）高层管理团队规模、女性高管人数及政府经历人数

由表2-7可以发现，30家样本公司的高层管理团队规模一直维持在590人左右，但在2009年，管理团队规模有所扩大，达到615人，平均每家公司有20.5名高层管理人员。女性高管所占比例基本没有变化，一直维持在85人至90人，所占比例约为15%，这一指标略低于房地产行业上市公司，但是对于不同的公司，这一指标相差较大，如2009年，永鼎股份13名高层管理人员中有6名女性高管，所占比例达到46%，而中天科技、烽火通信、亨通光电高层管理团队中无女性高管。总体来看，信息技术行业的高层管理人员是以男性为主，女性高管所占比例较低。对于信息技术行业高层管理团队中有政府经历的成员人数来说，一直不足20人，要少于房地产行业有政府经历人数，这说明信息技术行业可能主要依赖于技术研发和市场开拓，与政府部门并无太大的相关性。

表2-7　　信息技术行业上市公司高管团队规模、女性高管
　　　　　人数及政府经历人数

年份	团队规模	女性高管	政府经历
2005	592	85	19
2006	590	87	19
2007	592	87	20
2008	594	86	18
2009	615	89	19

（二）高层管理团队成员年龄及任期

由图2-16可以发现，我国信息技术行业上市公司高层管理人员的平均年龄呈逐年上升趋势，截至2009年，高管团队成员平均年龄达到47.9岁，其中年龄最大的是长城电脑的杨天行（74岁），年龄最小的为格力地产的潘明明（27岁）。各上市公司之间的高管团队年龄结构也相差较大，如中国联通的高管平均年龄为55岁，平均年龄最小的是宏图高科（42岁）。以2009年的高管年龄来看，30家上市公司中有5家的高层管理人员平均年龄超过50岁，这说明在信息技术行业高层管理人员相对比较年轻。2005—2007年，信息技术行业上市公司的平均任期在两年左右，但在2008年上升至2.3年，之后又在2009年下降为2.1年。

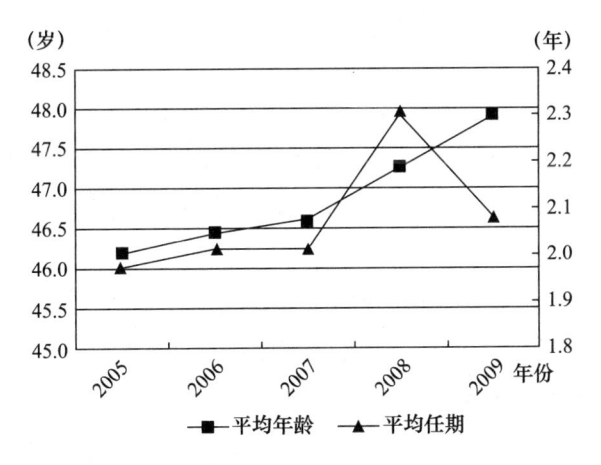

图2-16　信息技术行业上市公司高层管理团队成员平均年龄及平均任期

(三) 高层管理团队成员教育背景

本书按照处理房地产上市公司高管成员学历的方法对信息技术行业的高层管理人员学历构成进行处理，从图 2-17 中所显示的高层管理团队成员学历水平来看，信息技术行业上市公司高管团队主要由本科和硕士构成，这两者之和所占比例达到 80%，但与房地产行业不同的是，该行业博士学历拥有者并非多数都为独立董事，而是信息技术相关专业的实际高级管理人员，这表明信息技术行业更加重视学历水平。

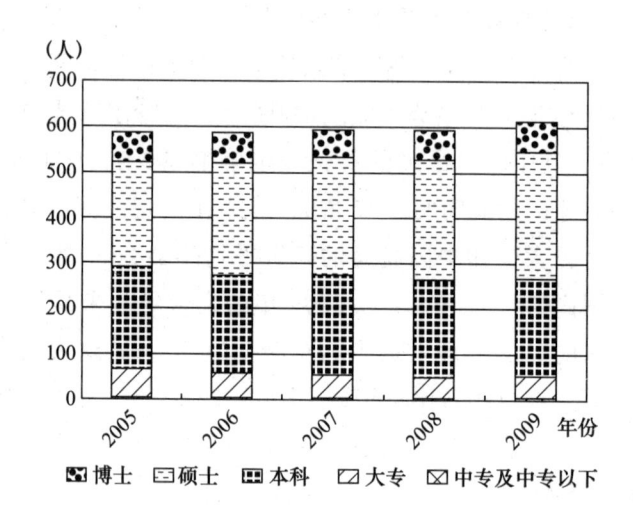

图 2-17 信息技术行业上市公司高管团队学历水平结构

运用 Likert 五点正向计分法表示不同的学历水平后，2005—2009 年信息技术行业上市公司的平均学历水平为 3.5 左右，也是处于本科和硕士之间。以 2009 年为例，中国联通的学历水平最高，共有 3 名博士、7 名硕士和 3 名本科学历的高层管理人员；而高管团队学历水平最低的是亨通光电，该公司高层管理团队中共有 1 名中专、3 名大专、12 名本科和 4 名硕士学历的高管人员。

本书同样将信息技术行业高层管理人员的专业分为三类，其中前两类与房地产行业分类相同，第三类专业虽然还是工科专业，但其所包括专业为电子信息、计算机等和信息技术相关的专业。统计结果显示：在2009年，第一类专业共有121人，第二类专业有44人，第三类专业有468人。

（四）高层管理团队薪酬、持股数及兼任人数

2005—2009年，信息技术业高层管理团队的平均薪酬逐年上升，在2009年达到最大值，平均每位高管年薪为223145.92元，但是要低于房地产业；高管持股数也呈逐年上升趋势，五年间增长了一倍，2009年所有高层管理人员的持股数量超过了24万股，而高层管理人员的兼职人数一直稳定在330人左右。

表2-8　　　　高层管理团队薪酬、持股数及兼任人数

会计年度	平均薪酬（元）	高管总持股数（股）	兼任（人）
2005	145809.25	119574962	337
2006	155138.27	131309313	332
2007	194357.69	206961536	332
2008	204348.24	248298568	326
2009	223145.92	246982389	332

第四节　制造业上市公司及其高管团队现状分析

按照国家统计局《国民经济行业分类》的分类，制造业属于第二产业，它包括农副食品加工业、食品、饮料和烟草制造业、纺织业、家具制造业、造纸及纸制品业、石油加工、炼焦及核燃料加工业、医药制造业、化学纤维制造业、橡胶制品业、塑料制品业、非金属矿物制品业、黑色金属冶炼及压延加工业、有色金属冶炼及压延加工业、金属制品业、通用设备制造业、专用设备制造业、交通运输设备制造业和电器机械及器材制造业等。

虽然进入21世纪以来，经济全球化和信息技术的高速发展推动了新兴产业的崛起，改变了各国经济发展模式，并加快了全球产业结构调整。但是，制造业发展水平仍然是衡量一个国家生产能力和综合国力的一个重要指标。尤其是我国目前正处于工业化的关键阶段，制造业作为工业化进程中的主导产业，是推动我国工业化和促进经济发展的主要动力。

虽然进入21世纪以来，国家加大了对信息技术等新兴技术产业的投资，但是制造业作为国民经济的基础，一直以来也是国家比较重视的产业，相应的固定资产投资规模也在不断扩大。制造业固定资产投资在2003年时为1.47万亿元，约占当时全社会固定资产投资额的26.44%，在2003—2009年，制造业社会固定资产投资额逐年稳步上升，在2009年达到7万亿元，约占当年社会固定资产投资额的31.44%，制造业固定资产投资的不断提升充分体现出社会对制造业的重视。从图2-18中还可以发现在2003年之前，规模以上工业企业的工业增加值增长缓慢，所占国内生产总值比重也维持在25%左右，但是随着制造业社会固定资产投资额的加大，规模以上工业企业

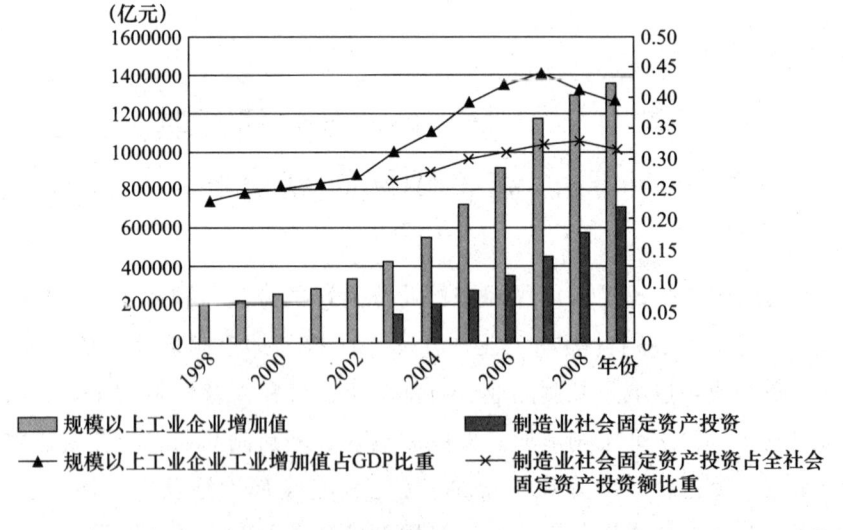

图2-18 制造业社会固定资产投资及占全社会固定资产投资比重和规模以上工业企业工业的增加值及其占GDP比重

的工业增加值也从 2003 年开始迅速提升，2007 年时达到 11.7 万亿元，所占国内生产总值比重达到 44%，但是受全球金融危机的影响，我国制造业也受到严重冲击，规模以上工业企业工业增加值虽然在 2009 年达到 13.5 万亿元，但增速明显变缓，而且所占国内生产总值比重也下降至 39.5%（数据来源于《中国统计年鉴》《2008 年中国国民经济和社会发展统计公报》和《2009 年中国国民经济和社会发展统计公报》）。

制造业的快速发展不仅是推动我国经济增长的主要动力，而且还为社会提供了大量的就业机会，虽然实行企业改革后，制造业所提供的就业机会有所下降，但是随着亚洲金融危机影响的消失和我国经济的快速发展，制造业提供的就业机会从 2002 年的 5500 万人增加到 2009 年的 8800 万人，约占我国总就业人口的 10%。

制造业之所以能够快速发展，规模以上工业企业发挥了举足轻重的作用。如图 2-19 所示，1998 年年底，我国共有 16.5 万家规模以上工业企业，而在 2009 年这一数量增长到 43.4 万家，增长了 2.6 倍。与此同时，规模以上工业企业的总资产也由 1999 年的 10.9 万亿元增长到 2009 年的 49.4 万亿元，增长了 4 倍多。单个规模以上工业企业的平均资产也由 1998 年的 6600 万元增加到 1.14 亿元，这说明

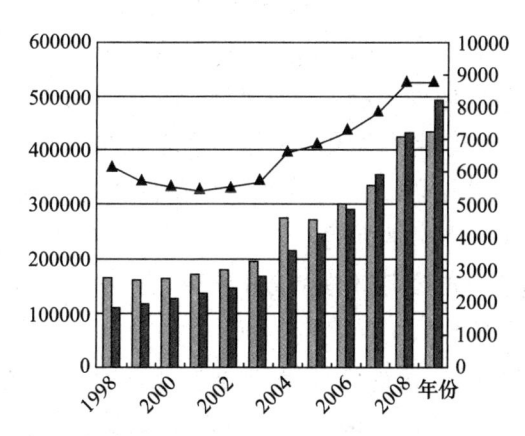

图 2-19　规模以上工业企业个数、资产总计及从业人员数

规模以上工业企业不仅在数量上有所增加，而且其规模也在扩大。截至2009年12月31日，在上海证券交易所和深圳证券交易所上市的制造业企业共有966家（A股和中小板），资产总计达到48451亿元（数据来源于国泰安数据库）。

一　制造业上市公司特征分析

（一）制造业上市公司整体发展良好，对我国股票市场影响举足轻重

2009年年底，我国在深圳证券交易所和上海证券交易所上市的公司共有约2000家，而制造业企业共有966家，几乎占整个股票市场上市公司的50%，因此，制造业上市公司的运营发展情况与整个股票市场息息相关。2009年，966家上市公司的总资产达到48451亿元，股东权益20483亿元，实现主营业务收入37839亿元，净利润1770亿元，平均每股收益为0.29元，股东权益收益率达到8.64%，这说明我国制造业上市公司总体运营良好。

（二）制造业企业规模大，但多为劳动密集型企业，创造水平低

虽然近年来制造业发展迅速，并且在规模上扩大了很多，而且在国民经济发展中发挥着重要作用，但是国内制造业总体创新能力不高，在全球价值链中一直处于底端，多数采用来料加工、OEM（Original Equipment Manufacture），即贴牌生产的生产方式，从而使中国成为"世界工厂"。许多跨国公司选择中国建立劳动密集型企业，但是由于近年来国内劳动力成本的提升，许多跨国企业为寻求更加廉价的劳动力，逐步转向印度市场，这使我国制造业企业遭受更大的压力，因此全面调整经济结构，提升国内制造业企业的创造力，强化自己的核心竞争力，由"中国制造"转变为"中国创造"成为目前国内制造业企业面临的最严峻的问题。

二　制造业上市公司财务状况分析

（一）制造业上市公司资产负债情况

从制造业上市公司的资产负债情况来看，2005年第一季度至2010年第二季度，资产负债率总体上保持小幅上升趋势。2005年第一度资产负债率最低，仅为0.52，制造业上市公司保持着相对适中的负债规模。在此之后，资产负债率开始在波动中上升，企业的负债情

况有恶化趋势。2006年第二季度资产负债比率上升到0.56，之后一直维持到2007年第三季度，但是在2007年第四季度出现短暂的下降后，资产负债率继续保持上升趋势，直至2009年第二季度达到0.58，之后随着全球经济形势的好转，国内制造业企业的运转情况转好，资产负债率有所下降。虽然制造业上市公司的资产负债率一直保持上升趋势，但是上升幅度较小，且主要是受宏观经济的影响，因此从公司内部来说，制造业上市公司的资产负债率相对较为合理。

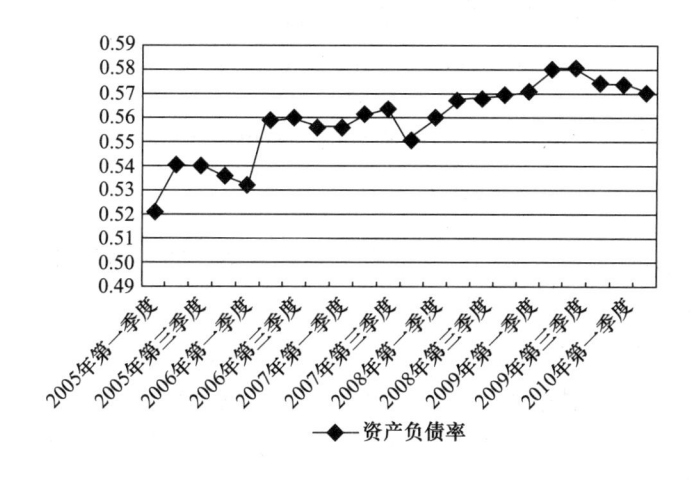

图2-20 制造业上市公司资产负债率

（二）制造业上市公司货币资金情况

从货币资金情况来看，2005年第一季度到2010年第二季度制造业上市公司的货币资金总体上呈上升趋势。2005年第一季度至2006年第三季度的货币资金量维持在3000亿元左右，但在此之后，货币资金量除在2008年第三季度稍有下滑外，其余期间均稳步增长，在2010年第二季度更是达到了近1万亿元，这说明制造业上市公司运转良好，一直保持着较高的流动性。

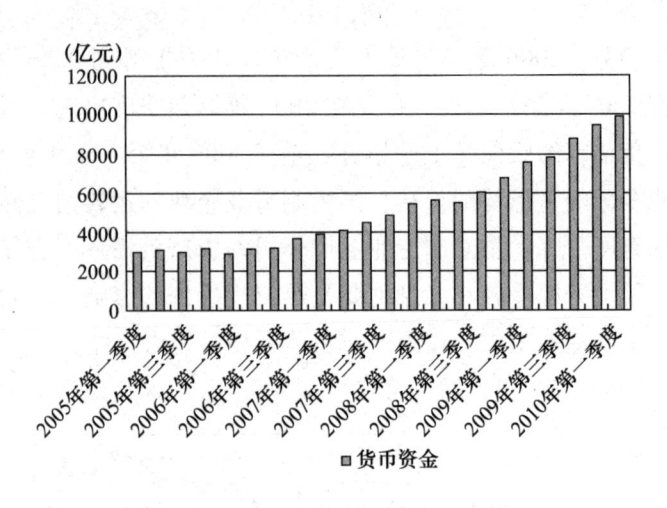

图 2-21 制造业上市公司货币资金情况

(三) 制造业上市公司偿债能力情况

从制造业上市公司的偿债能力来看，速动比率和流动比率的变动趋势基本相同。在2005年第一季度至2010年第二季度，流动比率一直保持在1—1.2，而速动比率也一直保持在0.6—0.8，这说明制造业上市公司的偿债能力一直保持良好，虽然在此期间发生一些轻微的波动，但总体来看，制造业上市公司的偿债能力还是较强的。

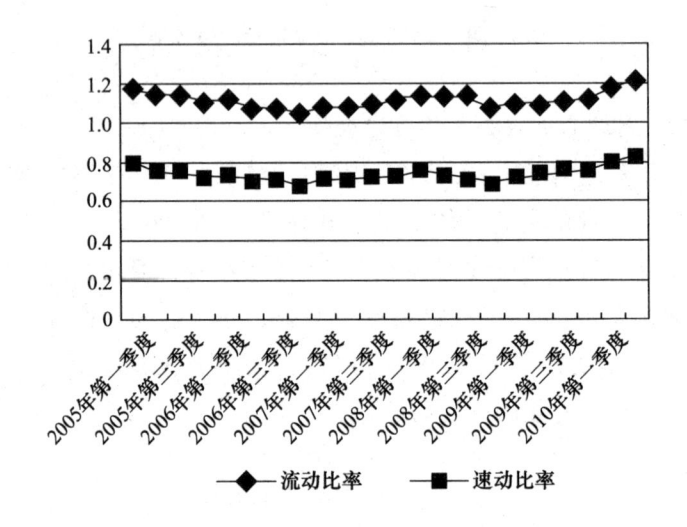

图 2-22 制造业上市公司流动比率和速动比率

(四) 制造业上市公司盈利能力情况

2005—2009 年,制造业上市公司的盈利能力总体上呈现出先上升后下降的趋势。2007 年,制造业上市公司的净资产利润率达到 12.37%,但是由于受到 2008 年全球金融危机的影响,我国贸易出口额下降,制造业上市公司的净资产利润率下降到 6.63%,2009 年又恢复到 8.45%。总体来看,制造业上市公司的盈利能力要高于信息技术行业上市公司,但是要低于房地产上市公司。

表 2-9　　　　　　　　制造业上市公司净资产利润率

会计年度	2005	2006	2007	2008	2009
净资产收益率（%）	6.61	8.74	12.37	6.63	8.45

三　制造业上市公司高管团队特征描述

本书选择在上海证券交易所和深圳证券交易所上市的 966 家制造业行业公司为研究对象,并将它们按照 2009 年年底的总资产进行排名,选取前 30 名房地产企业为本书研究样本,它们的总资产占所有制造业上市公司总资产的 34.24%,并且包含钢铁业、纺织业、造纸业、机械设备制造业等行业,因此基本能够代表制造业上市公司。

(一) 高层管理团队规模、女性高管人数及政府经历人数

由表 2-10 可以发现,30 家样本公司在 2005—2009 年的高层管理团队规模约为 620 人,但是在 2008 年和 2009 年,团队规模有所扩大,达到 660 人左右。平均每家公司有 22 名高层管理人员;女性高管人数由 44 人增加到 52 人,其所占高管比例一直维持在 7% 到 8%,相对于房地产业和信息技术行业来说,该比例偏低,这也体现了制造业的行业特点,该行业的高层管理人员是以男性为主。对于制造业高层管理团队中有政府经历的成员人数来说,一直维持在 30—40 人,所占比例也在 5% 左右,这一比例要低于房地产行业,而高于信息技术行业,说明制造业和政府部门具有一定的相关性。

表2-10　　制造业上市公司高管团队规模、女性高管
　　　　　人数及政府经历人数

年份	团队规模	女性高管人数	政府经历高管人数	女性高管比例（%）	政府经历高管比例（%）
2005	619	44	31	7.11	5.01
2006	614	46	29	7.49	4.72
2007	627	44	35	7.02	5.58
2008	666	50	38	7.51	5.71
2009	657	52	35	7.91	5.33

（二）高层管理团队成员年龄及任期

由图2-23可以发现，我国制造业上市公司高层管理人员的平均年龄呈逐年上升趋势。2005—2009年，高管团队成员平均年龄由48.8岁提高到50岁，以2009年为例，30家制造业上市公司中有22家的高层管理人员平均年龄超过50岁，这是本书所研究的三个行业中平均年龄最高的一个行业，说明制造业上市公司的高管人员呈现出老龄化趋势。在2005—2009年，制造业上市公司的平均任期为2—2.5年，相对比较平稳。

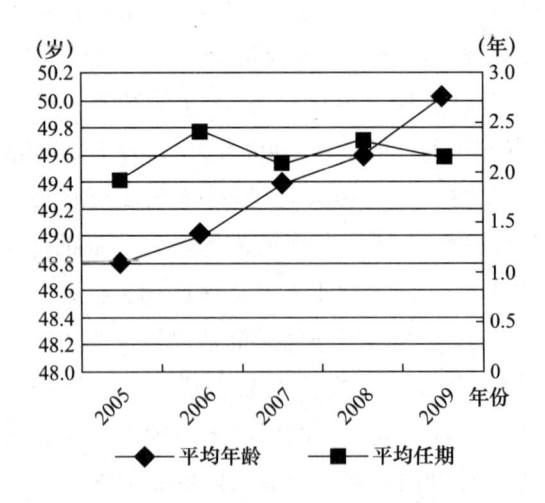

图2-23　制造业上市公司高层管理团队成员平均年龄及平均任期

(三) 高层管理团队成员教育背景

本书按照处理房地产业和信息技术业上市公司高管成员学历的方法对制造业高层管理人员学历构成进行处理,从图2-24来看,信息技术行业上市公司高管团队主要由本科、硕士构成,这两者之和所占比例达到75%左右,但是与前两个行业不同的是,制造业上市公司中有一定数量的中专及中专以下学历的高层管理人员,他们的共同特点是年龄较大、专业经验比较丰富,这也体现了制造业与房地产业和信息技术业的不同。运用Likert五点正向计分法表示不同的学历水平后,2005—2009年制造业上市公司高管团队的平均学历水平处于本科和硕士之间。本书同样将制造业高层管理人员的专业分为三类,其中前两类与之前的分类相同,第三类专业依然是工科专业,但其所包括专业为机械制造、化工等专业。以2009年为例,第一类专业共有124人,第二类专业有84人,第三类专业有447人,表明制造业企业在选取管理人员时比较重视专业技术。

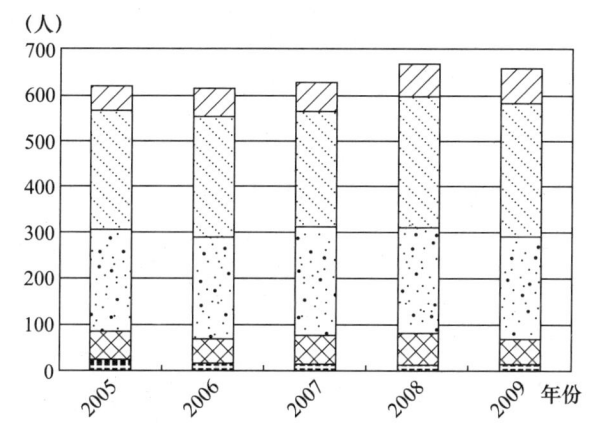

图2-24 制造业上市公司高管团队学历水平结构

(四) 高层管理团队薪酬、持股数及兼任人数

2005—2008年,制造业高层管理团队的平均薪酬逐年上升,在

2008 年达到最大值，平均每位高管年薪为 347748.8 元，但在 2009 年下降为 313377.9 元。总体来看，制造业上市公司高层管理人员的平均薪酬高于信息技术行业，但是却低于房地产业；高管持股数在 2005—2007 年呈下降趋势，但在 2009 年又上升为 2.34 亿股，而高层管理人员的兼职人数有所增加，从 2005 年的 342 人增加至 2009 年的 371 人。

表 2-11　　高层管理团队薪酬、持股数及兼任人数

会计年度	平均薪酬（元）	年末总持股数（股）	兼任高管比例
2005	189969.5	270219210	342
2006	229763.1	215149836	356
2007	319188.2	158127359	371
2008	347748.8	158946273	387
2009	313377.9	233815206	371

第五节　本章小结

本章对上市公司及其高管的现状作了详细的分析，按照生产函数理论，把上市公司分为三类行业：资本密集型、劳动密集型和技术密集型。并分别选取了房地产业上市公司、信息技术业上市公司和制造业上市公司作为这三类行业的代表进行分析。分别从上市公司的特征、上市公司的财务状况和上市公司高管团队特征三个方面进行分析。

第三章　高管团队背景特征对公司绩效的影响分析与模型

通过对高管团队的相关理论进行研究，发现一个比较明显的逻辑线索。高管团队的背景特征对公司绩效的影响并不是直接的。首先，高管团队的背景特征在一定的内外环境下先影响了企业的战略决策。当然此处高管团队的背景特征包括的变量很多，如高管团队成员的任期、平均年龄、平均的学历、年龄的异质性、学历的异质性和专业的异质性等。高管团队背景特征影响企业战略决策的环境一般指的是公司特征、董事会特征、公司文化、行业的稳定性和周围的社会环境。其次，企业的战略决策在一定的内外环境下影响公司的绩效。企业的战略决策包含了国际化的战略、转型的战略以及战略互动等。公司的绩效包括公司的当期绩效、长期绩效。简单地说就是特征影响决策，决策影响绩效。高管团队背景特征影响战略决策的中间是行为过程，如团队成员之间的沟通协调、冲突的处理和领导机制等。我们要研究高管团队对公司绩效的影响，就需要研究高管团队的背景特征。在这些特征中，哪些对公司绩效的影响比较显著；这些特征对公司绩效影响是正向的还是负向的；这些特征对公司绩效影响的程度如何；我们根据已有的文献，选取了团队的平均年龄、受教育水平、专业的异质性等指标来进行研究。

第一节　影响因素分析与变量选择

一　影响因素分析与自变量的选择

1. 高管团队的平均任期（time）

任期的长短从一定程度上反映了高管团队的成熟度。团队成员的任期是团队成员知识共享的关键，是团队社会资源整合的关键。一般情况下，我们可以把团队的发展分为三个阶段：融合期、革新期与稳定期。处于融合期的高管团队很难有效地运作，其效率是很低的，主要原因有三个：第一，任期短的团队对内部信息缺乏有效的交流和沟通，他们对公司的内部情况缺乏必要的理解，难以建立团队对公司战略、行业动态的认知，相对于任期长的团队而言，高管任期短的团队在信息的沟通方面成本是很高的。第二，任期短的团队成员之间缺乏相互之间的了解，大家互相之间会存在着保留，不能建立有效的信任。同事之间缺乏有效的信任，那么在公司事务的运行、突发事件的处理上，效率就会低得多。第三，任期短的团队不能进行有效的角色定位，不能发挥各自的专长，容易造成战略决策失误。处于革新期的团队成员之间的沟通和交流会加强，成员之间会越来越愿意分享彼此的新见解，成员相互之间信任，大家逐渐找到适合各自的角色，发挥出各自的优势和专长。随着高管团队任期的延续，公司高管团队进入稳定期，团队之间的凝聚力得到加强，个人之间的分工比较明确，但是任期的延长会导致企业更少的战略变革，缺乏进取的精神，公司战略会越来越维持稳定，保持原来的经营观念，维持战略的持续性和稳定性，缺乏市场创新。高管任期的延长，容易产生组织小团体，大家之间的感情代替了个体的差异，很多事情往往考虑到感情，不能充分地表述自己的观点，进而降低了企业的长期绩效。

我们认为：中国自加入 WTO 之后，各个公司所处的环境是变动的、动态的、不可控、不可预测的，如果一个企业高管团队的任期太长，那么该公司的战略就会缺乏变动，公司缺乏创新，没有活力，难以适应社会的突飞猛进。相反，任期短的公司高管团队，可以给企业不断注入新鲜的血液，使企业能够快速地发展。一般来讲，在公司任期短的高管也有其他公司的工作经验，他会对做好现在的工作提供一定的保证。根据我们的上述分析，得出了假设：

研究假设一：高管团队平均任期与公司绩效存在负相关的关系。

2. 平均年龄（age）

年龄在很大程度上反映了管理者的阅历和风险承担倾向。由于年龄不同，年轻的与年长的高层管理者接受的教育方式会有所不同，成长的环境也会大不一样，这就使他们进行决策的方式，工作的观念不同。高管团队的平均年龄越大，说明团队人员的阅历越丰富，资源更多，风险的规避意识相对较强。管理者愿意维持现状，制定的政策有很强的稳定性和连续性。由于对变化的环境关心不够，他们没有意识到环境的逐渐改变，由此可能导致企业丧失较多的市场机会。年轻的管理者能够更好地接受新生的事物，做事情有拼劲、有干劲，制定的企业决策往往比较灵活，因而更能抓住市场上的机会。

年长管理者的优势在于他们有很好的经验、有很好的人际关系，但是他们的创新不足，适应能力不足。年轻的管理者优势在于能够很快地适应环境的变化，乐于改变，勇于创新，但是他们的经验不足。从中国的现实国情来看，一个企业的成功在很大程度上取决于企业与政府之间的关系。企业与政府的关系越紧密，则企业更容易获得资源，更容易领先于竞争对手。虽然中国一直在强调建立市场经济，但是这种现状需要一段时间慢慢改善。随着我国市场经济的不断发展，市场化程度的提高，年轻的管理者就越有条件抓住机遇，提高企业的业绩。因此，总的看来，在中国社会的现阶段，高层管理团队的平均年龄越高，对企业的绩效越有利。由此，我们得出了第二个假设：

研究假设二：高层管理团队的平均年龄与公司绩效之间存在显著的正相关。

3. 年龄水平的异质性（hage）

年龄水平的异质性衡量的是团队成员之间的年龄差异对公司绩效的影响。我们研究年龄的异质性对公司战略绩效的影响一般从两个方面考虑：一是信息决策理论；二是社会统一性理论。信息决策理论认为公司高管的年龄差别越大，则公司在决策时拥有的信息数量越多，提高了决策的质量。年龄的差距，造成了个体教育环境、观点的不同。在公司战略制定时，个体提供的信息和考虑的角度会更全面。年轻高管的创新能力、对变化的适应能力，能使企业充满活力；同时年长高管有丰富的经验，广泛的人脉关系，能使企业获得较多的资源。年轻高管与年长高管的完美结合，必然会给企业带来很好的业绩。社会统一性是个体自我概念的一部分，它来源于个体对自己作为某个社会群体成员身份的认识，以及附加于这种成员身份的价值和情感方面的意义。现代的年轻人与以往相比生活环境不同，教育结构不同，所以他们有自己的潮流、自己的追求、自己的信仰、自己的价值观和人生观。他们与老一辈的人很容易产生代沟。年长的高管和年轻的高管对于相互之间的认同度可能比较差。为了使自己追求积极自我评价的需要得到满足，高管团队年龄的异质性很容易在团队内产生两个群体：年轻人的群体和年长人的群体，这就会造成成员的两极分化，成员间冲突增加，团队内成员的交流和合作的减少，成员对团队的满意度降低，团队凝聚力下降，进而造成公司绩效的下降。

中国自古受到儒家文化的熏陶，2000多年的封建文化使社会非常讲究等级制度。即使是在公司内部，等级制度也很明显，年轻人有发表意见的权利，但是公司的掌舵人有一票否决权。对于领导分配的任务，基层人员只有无条件服从。因为受传统文化的影响，这种事情也已经习惯，相对而言年龄的异质性对公司绩效的影响没有国外那么明显。但是当今的内部管理制度还存在一定的不合理之处，它不能让有才能的人充分发挥所长，处处受制于人，必然使他们产生消极怠工的行为。

研究假设三：高管年龄异质性与公司绩效之间存在负相关关系。

4. 平均教育水平（edu）

一般来说，高管团队的教育水平与灵活性、信息处理能力密切相关。管理者的教育水平可以反映他们的认知基础和价值观，并进而决定他们的战略偏好与性格。高管的受教育水平越高，表明高管接受新思想和适应新环境的能力越强，同时也表明获取外界信息和分析信息的能力比较强。高管团队的教育水平越高，在一定程度上反映了他们对社会的认知能力，能够使高管在复杂的竞争环境中做出正确的决策，找到适合企业自身的发展模式，准确地把握好企业的发展方向，抓住市场机遇，从而不断壮大。如若高管拥有深厚的专业理论知识和较好的个人魅力，那么他很容易在管理工作中树立自己的威信，赢得同事们的信任，加强了团队的凝聚力。因为高管本身对行业知识的了解，他们更加倾向于对新方法、新工艺进行引进和创新，从而给企业带来了持久的竞争力。

中国目前的社会是关系的社会。高管受到的教育水平越高，那么他所接触的高素质、高能力的人就会越多。随着大学教育的普及，很多用人单位在招聘时都会把受教育程度作为一个重要的条件。管理者受教育程度越高，他在做决策时，考虑问题会更全面，目光会更长远。高管的受教育程度与企业未来的成功存在很大的关系。由此，我们得出了第四个研究假设：

研究假设四：高管的平均受教育水平（学历）与企业的绩效存在正相关关系。

5. 教育水平的异质性（hedu）

教育水平对公司绩效的影响可以分为两个方面：一是平均教育水平对公司绩效的影响；二是教育水平的差异性对公司绩效的影响。从心理学的角度去分析，如果高管的教育水平相似，可以导致双方态度和价值观认知的相似性，有利于相互之间的沟通和交流，减少交往的障碍。教育水平的相似有利于团队形成凝聚力。如果高管的教育水平有很大的差异性，那么就有利于提供不同的观点和信息，提供多种解决问题的思路和方法，在复杂多变的社会环境中保持较好的灵活性和创新性。同时教育水平之间的差异也很容易导致团队成员之间的冲突，不利于团队的稳定，从而对公司的业绩有负面的影响作用。

我们一般可以这么认为：教育水平的相似性有利于解决常规性的问题，教育水平的差异性有利于解决创新性问题。中国处在向市场经济转变和经济全球化的阶段，经济形势复杂多变，企业面临着前所未有的机遇与挑战，企业只有不断地创新，把握机遇，才能在竞争中获得优势地位。在目前的经济形势下，教育水平的差异性相对于教育水平的相似性有更大的优势。因此，我们得出了本书的第五个假设：

研究假设五：高管的教育水平异质性与公司绩效之间存在负相关关系。

6. 专业水平的异质性（hmajor）

高管的教育专业背景与个人的专业技能密切相关，是他们认知问题的根本，也是管理者战略决策的基础，比如，具有科学和工程专业背景的高管更关注流程、创新，因此他们更能接受战略的改变，科学、工程专业背景成员多的高管团队更愿意采取产品多元化的战略。当企业在实行多元化战略、规模不断扩大时，高管团队的专业背景构成显得特别重要。高管团队中不仅需要财务、金融、行政管理专业人员，还需要营销、研发专业背景的成员。对于企业来说，在不同的环境下，高管的专业技能对于执行战略的效率是不同的。高管团队专业的异质性越大，就越能获得一系列多元的信息和技能，拥有更广泛的关于战略制定的设想。

在当前复杂的环境中，公司会面临顾客群体的不同需求，高层管理团队成员的多元化职业背景显得特别重要。当然如果这种差异过大，就会造成团队内冲突增加，反而会损害团队的效率。在我国传统文化的影响下，高管团队异质性的益处发挥受到一定的限制。但是这不会妨碍高管团队专业异质性的好处。并且现在很多公司都实行"头脑风暴法"来解决突发的问题，专业背景的多元化能够有利于合理方案的提出。由此，我们得到了如下假设：

研究假设六：高管专业的异质性与公司绩效存在显著的正相关关系。

7. 有政府工作经历高管的比例（gov）

目前对政治背景与企业绩效关系方面的研究还是比较少的。但政治背景对企业的绩效还是有很重要的影响，如现在的招聘中，有很多公司直接写明党员优先。高层管理者如果能够内通外达，拥有良好的关系网络，就能够帮助公司化解各种危机，还能增加获取关键信息与资源的渠道。很多学者都认为"关系"是企业经营好的一个关键因素，很多企业之所以能够成功，很大一部分是因为公司与政府的紧密联系。企业与政府部门、关联机构协调处理好往来关系，能够提升企业的长远竞争优势。特别是在目前的中国社会，与政府处理好关系是至关重要的。如果一个企业的高管团队中有政府工作经历的高管，那么这些高管就会把自己的一些关系网络带给企业。企业就可以通过这些高管得到更有利的竞争优势，得到更多的资源，政府工作经历的高管比例越大，那么这种优势就会越明显。

中国的经济体制处在计划经济向市场经济转轨的阶段。市场经济体制还不健全，很多信息披露都是不公开、不透明的。在这种环境下，关系显得非常重要。如果公司和政府能够搞好关系，那么隐形的好处多多。由此，我们提出了以下假设：

研究假设七：有政府工作经历高管比例与企业的绩效有显著的正相关关系。

8. 女性高管的比例（sex）

以前中国社会主张男主外，女主内。在现代社会妇女得到了很大的解放，她们的地位比以前提高了很多。大部分女性都能上得厅堂，下得厨房。很多女性已经进入了公司的管理层。因为女性具有不同的社会经验，女性有更好的人际交往技能和敏感性，因此女性相对于男性能够成为很好的管理者和领导者。同时，女性在处理人际关系方面通常力图达成一致的意见，能够使下属对工作产生归属感，提高其工作的积极性。女性高管一般有利于加强团队内部的凝聚力。从目前的经济形势看，今天的组织结构比以往有更大的灵活性，需要更多的团队合作，因而使女性高管比例较大的公司比其比例小的公司业绩会好。通过上述分析，我们提出以下研究假设：

研究假设八：女性高管的比例与公司绩效之间存在正相关关系。

9. 高管兼任的比例（jianren）

高管的兼任比例是指高管兼任董事等职务的人数占公司规模的比例。高管的兼任比例越高，那么公司的控制权就会比较专一，能够保证业务和公司战略的稳定性，使企业的业绩得到提升。同时如果高管的兼任比例比较高，那么高管的个人名誉就会得到极大的满足。因为头上的头衔比较多，毕竟会给人的心理带来极大的快感，这样可以更有利于提高高管的工作积极性，激发他对工作的热情。但同时存在的问题是：如果高管的权力过大，那么必然会导致高管大权独揽。这样很容易造成公司的高管为了自己的利益，牺牲公司的利益。同时如果高管的决策失误，会给公司带来业绩的下滑。从中国目前的情况来看，大部分的中国人还是很喜欢一个好"名"，包括头衔、名誉等。因此，本书提出了最后一个假设：

研究假设九：高管的兼任比例与公司绩效之间存在正相关关系。

二　影响因素分析与控制变量的选择

除高层管理团队的背景特征对公司绩效存在影响关系之外，我们发现高管团队的其他一些特征和企业的政府持股比例也对公司的绩效有影响。我们为了分析问题的全面性，并提高模型的拟合优度，因此加入了一些控制变量：高管团队的规模、高管成员的平均薪酬、高管的持股比例和政府的持股比例。我们通过加入与高管相关的变量之后，可以更有利于我们对高管问题研究的深入程度。

1. 团队规模（Team Size）

团队规模是由团队成员总人数来衡量的，反映了在企业决策制定中参与的人数。已有的文献关于高管团队规模与企业绩效的关系的结论是不一致的。有的研究表明高管团队的规模与企业绩效显著正相关，如 Haleblian 和 Finkelstein（1993）研究发现高管团队规模与企业绩效显著正相关。有的研究表明高管团队规模与企业绩效之间是负相关的，如 Amason 和 Sapienza（1997）发现 TMT 规模变大，会对企业绩效产生消极的影响。高管团队与企业绩效正相关是因为：其一，高层管理团队的规模大，一般表明团队成员专业背景的异质性比较大，当企业在做决策时，考虑的问题会更加全面，决策更加有效率。其二，团队的规模越大，就会拥有更多的解决问题的资源，从而拥有更多的信息量，能够为企业的战略决策提供更可靠的依据。其三，群策群力，可以开阔解决问题的视野。团队规模与企业绩效正相关的理论依据在于：团队规模大，提高了企业的决策收益和企业的业绩。高管团队与企业的绩效负相关主要是基于团队冲突理论。团队冲突会增加抵触和不满,削弱了决策质量和成员之间的理解。团队冲突理论分为情绪冲突与认知冲突。认知冲突有助于集思广益和协调一致,增加团队决策的质量;而情绪冲突会降低成员的满意度,伤害成员之间的感情,因此会降低高管团队的效率。随着团队规模扩大,公司在做决策时出现意见分歧的可能性就大,增加了团队的沟通成本,相对应的小团队的凝聚力会更强,绩效更高。一个最有效率的团队的规模是5人或7人,这是众多组织行为专家研究多年得出的结论。一个人所属的那个团队群体规模越小,在其他条件同等的情况下,这个人在其团队组织中所产生的归属感以及所伴随的安全感也就更强烈。人的活动能力非常有限,这就意味着在一个大规模的团队组织中,人们因其活动能量的分散难以与他人建立起有效的互动作用。因而在这种情况下团队通常会进一步分化,成员之间相互协作配合的效果也就要逊色一些。在一个规模较小的团队组织当中,成员在一起的时间会较长,也容易相互吸引和交流,并形成强的团队凝聚力,使其成员更具有团队归属感。高管团队与企业绩效负相关的逻辑思路:团队规模较大,造成了企业决策的沟通成本较大,因此降低了企业的绩效。

从中国的现实情况来看,我们认为大规模的团队比小规模的团队更有优势。其原因有两个:其一,中国的社会是一个关系的社会。只要你有关系,有门路,有资源,那么很多事情都很方便。团队的规模大,则公司的资源就比较多,因此有利于增加企业的绩效。其二,现代社会是一个多元化的社会。大部分企业实行多元化的战略,因此团队成员多,相对的团队异质性就高,因此也利于增加企业绩效。

2. 平均薪酬水平

……

3. 高管的持股比例

……

4. 政府的持股比例

……

通过上面的分析发现:高管团队的平均薪酬和高管的持股比例对

公司的绩效有一定的显著影响，因而在研究高管的背景特征时，本书首先把这两个变量作为控制变量加入其中。其次，我国是社会主义国家，鉴于特殊的国情，本书在分析问题时，要考虑政府对绩效的影响，因而我们在研究高管背景特征时，仍然把政府的持股比例作为控制变量来进行研究。

三　因变量的选择

正如第三章所描述的净资产收益率有很多优点：可使投资者以此就各种不同产业的获利能力进行比较。投资者不在乎持有的是低利润率的零售业股票，还是高利润的高科技公司股票，只要这些股票创造的收益率高于平均股东权益收益率就行。该比率具有很强的综合性。因而，本书继续选择净资产收益率作为公司绩效的衡量指标。

第二节　样本选择及数据来源

一　样本的选择

本书在前面章节利用生产函数理论把上市公司分为三个行业，然后对每个行业，按照设定的标准进行筛选，最终每个行业选择了30家上市公司作为研究样本。上文利用筛选之后的样本，研究了高管的激励机制和公司绩效之间的相互影响关系。在此，为了保持所研究问题的连贯性，我们采用与前面章节相同的样本来进行研究，探讨高管的背景特征与公司绩效的相互关系。

二　数据的来源

本书的样本数据来源主要有以下几个途径：
- 中国经济数据库；
- 上海证券交易所和深圳证券交易所网站上的数据；
- 大智慧软件上的数据；
- 各个上市公司的官方网站；
- 国泰安研究服务中心的数据库；
- Wind 资讯数据库；

- 其他信息渠道。

第三节　数据的处理方法与程序

关于上市公司高管团队的特征对公司绩效影响的文章，变量的选择不尽相同。在此我们选择一些权威文献中常用的变量作为我们的指标来进行分析。同时，我们也综合地考虑各个可能对公司绩效有影响的变量，保证我们在分析问题时的全面性。我们在研究中选择了下列变量（如表 3-1 所示）。

表 3-1　变量的名称及含义

指标		变量	变量的简单含义解释
自变量	同质指标	平均年龄（age）	高管团队成员在任期内的平均年龄
		平均教育水平（edu）	高管团队成员在任期内的平均教育水平
		平均任期（time）	高管团队成员进入公司到样本截止日期的平均值
	异质指标	年龄水平的异质性（hage）	高管团队成员的年龄差异化程度
		教育水平的异质性（hedu）	高管团队成员教育水平的差异化程度
		专业水平的异质性（hmajor）	高管团队成员的专业背景的差异化程度
	其他指标	高管兼任的比例（jianren）	团队成员中兼职高管的比例
		女性高管的比例（sex）	高管团队成员中女性高管的比例
控制变量		团队规模（size）	高管团队的总人数
		平均薪酬水平（salary）	高管团队成员的平均薪酬水平
		政府持股的比例（gratio）	公司股本中政府的持股比例
		高管的持股比例（mratio）	高管团队成员持有本公司股票数占公司股本的比例
因变量		净资产收益率（roe）	公司中股东权益收益率

因变量：衡量公司业绩的变量。本书中选择了 roe 作为被解释变量。roe = 净利润/股东权益。其中此公式中的净利润和股东权益都是上市公司年末会计报表中的数据。

控制变量：除高管团队的特征对公司的绩效有影响之外，学者发现其他的变量也会对公司的绩效产生影响。本书选择了四个控制变量：高管团队的规模（size）、平均薪酬水平（salary）、政府的持股比例（gov）和高管的持股比例（mratio）。高管团队的规模是指在样本统计期间，公司高管的人数。高管的平均薪酬水平是指高管的薪酬总额除以在该期间公司高管的团队规模。政府的持股比例指的是政府所持有的股本总额除以公司的股本总数。高管的持股比例等于高管成员持有股票的总数除以公司的总股本。

自变量：影响公司绩效的高管团队成员的特征。在本书中，我们选择了八个变量作为我们研究的自变量。它们分别是：平均年龄（age）、平均教育水平（edu）、平均任期（time）、年龄水平的异质性（hage）、教育水平的异质性（hedu）、专业水平的异质性（hmajor）、高管兼任的比例（jianren）和女性高管的比例（sex）。平均年龄等于高管团队成员的年龄总和除以高管团队的规模；平均任期等于高管团队成员进入公司至样本截止日期的总和除以高管的团队规模。对于教育水平的衡量，就如我们在第二章所介绍的那样：高管的学历是中专及中专以下的，我们赋予它的值是1；高管的学历是大专，我们赋予它的值是2；如果高管的学历是本科，我们赋予它的值为3；同样的道理，如果高管是硕士毕业，我们赋予它的值为4；高管的学历如果是博士，我们赋予它的值是5。通过这种衡量的方法，我们根据每个高管的学历，分别给予高管一个值。如果衡量高管的平均教育水平，我们就把所有的数值求和，然后除以高管的规模。高层管理团队的年龄异质性程度反映了高层管理团队成员在年龄方面的差异，本书运用年龄变异系数（hage）来表示这一指标，变异系数是一组数据的变异指标与其平均指标之比，它是一个相对变异指标，反映单位均值上的离散程度。变异系数公式为：

$$hage = \frac{\delta_i}{\mu_i}$$

其中，$i=0,1,2,3\cdots$，μ_i 表示第 i 家公司高层管理团队成员平均年龄，δ_i 表示第 i 家公司高层管理团队年龄标准差。两个数值相比就得到了年龄的异质性指标。我们在衡量教育水平的差异化程度时用的是教育水平的异质性指标。这一指标反映了高层管理团队成员中不同学历水平的差异程度。本书运用 Herfindahl 指数（Blau, 1977; Michael & Hambrick, 1992）来表示这一指标：

$$hedu = 1 = \sum_{j=1}^{s} p_{i,j}^2$$

其中，i 代表公司个体，$i=1, 2, 3\cdots$，$p_{i,j}$ 表示中专、高中及以下、大专、本科、硕士和博士及以上学历的高层管理人员所占比例，$j=1, 2, 3, 4, 5$，其含义与上面我们在求解教育水平时采用的方法一致。较高的教育异质性水平（hedu）意味着团队成员的教育背景趋于多元化。高管之间的受教育程度有很大的差别。专业的异质性指标反映的是高管教育背景的多样化。目前把高管按照专业分类没有固定的方法，很多学者都是根据自己的需要进行分类。本书采用了大家常用的分类方法，同时这种分类方法相对于其他的方法也具有一定的科学性。本书把高管分为三类：第一类是财务会计、金融和法律类；第二类是管理学、MBA 和 EMBA 等；第三类是其他类，主要包括建筑、土木工程等。专业异质性的衡量是采用上面我们所用的 Herfindahl 指数法。具体的公式如上面所写的那样，但是其中的变量下标发生改变。下标还指的是公司个体，而下标表示的是三个不同的类别，$l=1, 2, 3$。$p_{i,l}$ 表示第一类、第二类和第三类专业的高层管理人员所占比例。高管兼任的比例等于身兼数职的高管人数除以高管的总人数。女性高管的比例等于高管中女性高管的数量除以团队规模。

第四节 影响模型建立

在经济学研究中，同时具有时间序列和截面性质的数据是常见的，例如，经济统计年鉴上往往会提供包含各国家的若干系列的年度（季度或月度）经济总量数据，如西方七国 1980 年度至 2000 年度经济总量数据。这种统计数据既包含时间序列的特征，又包含截面数据的特征，在计量经济分析中被列入单独的一类数据——面板数据进行分析。本节简要介绍面板数据及其模型的基本原理，包括固定效应模型和随机效应模型设置、参数估计与检验。

一 面板数据和模型概述

在经济学研究和实际应用中，我们经常需要运用时间序列数据或横截面数据，例如，时间序列数据是变量按时间得到的数据；横截面数据是变量在截面空间上的数据。此外，在经济分析中，尤其是在通过建立计量经济学模型所进行的经济分析中，经常发现只利用截面数据或者只利用时间序列数据不能满足分析目的的需要。

例如，如果分析生产成本问题，只利用截面数据，即选择同一截面上不同规模的企业数据作为样本观测值，可以分析成本和企业规模的关系，但是不能分析技术进步对成本的影响；只利用时间序列数据，即选择同一企业在不同时间上的数据作为样本观测值，可以分析成本与技术进步的关系，但是不能分析规模对成本的影响。因此我们需要横截面观察值和时间序列观测值结合起来的数据，即数据集中的变量同时含有横截面和时间序列的信息，这种数据被称为面板数据。它与横截面数据和时间序列数据有着不同的特点。简单地讲，面板数据是从横截面上看，是由若干个体在某一时刻构成的截面观察值，从一个纵剖面上看是一个时间序列，所以其统计性质既带有时间序列的性质，又包含一定的横截面特点。因而，以往采用的计量模型和估计方法就需要有所调整。

研究和分析面板数据的模型被称为面板数据模型。它的变量取值都带有时间序列和横截面的两重性。一般的线性模型只能单独处理横截面数据或时间序列数据，而不能同时分析和对比它们。面板数据模型相对于一般的线性回归模型，其优点在于它既考虑到了横截面数据存在的共性，又能分析模型中横截面因素的个体特殊效应。当然，我们也可以将横截面数据简单地堆积起来用回归模型来处理，但这样做就丧失了分析个体特殊效应的机会。

二 一般面板数据模型介绍

运用面板数据进行计量经济分析，是近年来研究较多的一个领域。运用面板数据进行计量经济分析的模型称为"面板数据模型"。

下面我们简要介绍一下面板数据模型。

符号介绍：y_{it} 表示因变量在横截面 i 和时间 t 上的数值；x_{it}^j 表示第 j 个解释变量在横截面 i 和时间 t 上的数值；假设有 K 个解释变量，即 $j = 1, 2, \cdots, K$；有 N 个横截面，即 $i = 1, 2, \cdots, N$；时间指标 $t = 1, 2, \cdots, T$；记第 i 个横截面的数据为：

$$y_t = \begin{pmatrix} y_{i1} \\ y_{i2} \\ \cdots \\ y_{iT} \end{pmatrix}; \quad X_i = \begin{pmatrix} x_{i1}^1 & x_{i2}^2 & \cdots & x_{i1}^K \\ x_{i1}^1 & x_{i2}^2 & \cdots & x_{i2}^K \\ \vdots & \vdots & & \vdots \\ x_{iT}^1 & x_{iT}^2 & \cdots & x_{iT}^K \end{pmatrix}; \quad u_i = \begin{pmatrix} y_{i1} \\ y_{i2} \\ \cdots \\ y_{iT} \end{pmatrix}$$

其中对应的 μ_i 是横截面 i 和时间 t 的随机误差项。再记：

$$y_t = \begin{pmatrix} y_{i1} \\ y_{i2} \\ \vdots \\ y_{iN} \end{pmatrix}; \quad X = \begin{pmatrix} X_{i1} \\ X_{i2} \\ \vdots \\ y_{iN}^N \end{pmatrix}; \quad u = \begin{pmatrix} \mu_{i1} \\ \mu_{i2} \\ \vdots \\ \mu_{iK} \end{pmatrix}; \quad \beta = \begin{pmatrix} \beta_{i1} \\ \beta_{i2} \\ \vdots \\ \beta_{iK} \end{pmatrix}$$

针对这样的数据，有以下以矩阵形式表达的面板数据模型：$y = X\beta + \mu$，上述方程代表一个最基本的面板数据模型。基于对参数 β 和随机误差项 μ 的不同假设，从这个基本模型可以衍生出各种不同的面板数据模型。最简单的模型就是忽略数据中每个横截面个体所可能有的特殊效应，如假设 $\mu \sim iid(0, \delta^2)$，而简单地将模型视为横截面数据堆积模型。但是由于面板数据中含有横截面数据，有时候需要考虑个体可能存在的特殊效应及对模型估计方法的影响。

（一）固定效应模型及其估计方法

1. 固定效应模型的形式

如果认为个体之间的差异是系统性的、确定性的，即假设 α_i 为常数，则得到固定效应模型为：$y_{it} = \sigma_i + x_{it} + \varepsilon_{it}$。整个固定效应模型可以用矩阵形式表示为：

$$\begin{pmatrix} y_1 \\ y_2 \\ \vdots \\ y_N \end{pmatrix} = \begin{pmatrix} i & 0 & \cdots & 0 \\ 0 & i & \cdots & 0 \\ \vdots & \vdots & & \vdots \\ 0 & 0 & \cdots & i \end{pmatrix} \begin{pmatrix} \alpha_1 \\ \alpha_2 \\ \vdots \\ \alpha_N \end{pmatrix} + \begin{pmatrix} x_1 \\ x_2 \\ \vdots \\ x_N \end{pmatrix} \beta + \begin{pmatrix} \varepsilon_1 \\ \varepsilon_2 \\ \vdots \\ \varepsilon_N \end{pmatrix}$$

其中，i 为 $T \times 1$ 的单位向量。进一步定义：

$$D = (d_1, d_2 \cdots d_N) = \begin{pmatrix} i & 0 & \cdots & 0 \\ 0 & i & \cdots & 0 \\ \vdots & \vdots & \vdots & \vdots \\ 0 & 0 & \cdots & i \end{pmatrix}$$

d_i 为 $TN \times 1$ 向量，是一个虚拟向量。模型可以写为 $y = D\alpha + x\beta + \varepsilon$，其中 D 是一个由虚拟变量组成的矩阵。因此固定效应模型也被称为最小二乘虚拟变量模型，或者简称为虚拟变量模型。

2. 固定效应模型的估计和检验

固定效应模型中有 N 个虚拟变量系数和 K 个解释变量系数需要估计，因此总共有 N + K 个参数需要估计，当 N 不是很大时，可直接采用普通最小二乘法（OLS）进行估计。但是当 N 很大时，直接采用 OLS 方法的计算量就变得非常大，甚至有可能超过计算机的存储容量。一个解决问题的方法就是分成两步来对面板数据模型进行回归分析。

（1）消除虚拟变量在模型中的影响，然后再对参数 β 进行估计。消除虚拟变量 D 影响的办法就是利用这列矩阵对所有变量进行"过滤"。设有 $P_D = D(D'D)^{-1}D'$，其中 D 的定义与方程如前所述。设 $M_D = I - P_D$，用 M_D 转变模型 $y = D\alpha + x\beta + \varepsilon$。显然 $M_D D = 0$，则有 $M_D y = M_D X \beta + M_D \varepsilon$。用 OLS 得到 β 的估计：$\hat{\beta}_w = (X'M_D X)X'M_D y$，内部估计量与对下列方程的 OLS 估计量是等同的。$y_{it} - \bar{y}_i = (X_{it} - \bar{X}_i)\beta +$ 随机误差项，其中 $\bar{y}_i$ 和 $\bar{X}_i$ 表示各自变量个体的均值。上式中，OLS 估计量主要利用的是个体变量对其均值偏离的信息，随机误差项也仅反映对其个体均值的偏离波动，这是该估计量被称为内部估计量的原因。

（2）估计参数 α。由于已经得到了 β 的估计值，所以 α 的估计就变得比较简单。$\hat{\alpha} = (D'D)^{-1}D'(y - X\hat{\beta}_w)$，其中 $\hat{\alpha}$ 其实就是用自变量和解释变量的个体均值和 $\hat{\beta}_w$ 按下列模型计算出的误差项：$\hat{\alpha}_i = \bar{y}_i - \bar{X}_i \hat{\beta}_w$。

估计量 $\hat{\alpha}$ 和 $\hat{\beta}_w$ 的方差估计：

$$\hat{\delta}^2_{\hat{\beta}_m} = s^2 (X'P_D X)^{-1}$$

$$\hat{\delta}_{\hat{\alpha}_i}^2 = \frac{s^2}{T} + \overline{X}'_i \hat{\delta}_{\hat{\beta}_w}^2 \overline{X}_i$$

其中，s^2 是对误差项方差的估计量：

$$s^2 = \frac{\sum_i \sum_i (y_{it} - \hat{\alpha}_i - x_{it}\hat{\beta}_w)^2}{NT - N - K}$$

在对误差项方差的估计量中，分母（$NT-N-K$）反映了整个模型的自由度。有了这些方差的估计量，就可以用传统的 t 统计量对估计系数的显著性进行检验。固定效应模型的优点：能够确切地反映个体之间的差距及其简单的估计方法。固定效应模型的缺点：存在模型自由度比较小（因为有 N 个截面系数）和存在对个体差异的限制性假设（个体间的差异是固定的）。

（二）随机效应模型及其估计方法

1. 随机效应模型的形式

类似固定效应模型，随机效应模型也假定 $\mu_{it} = \alpha_i + \varepsilon_{it}$，但与固定效应模型不同的是，随机效应模型假定 α_i 与 ε_{it} 同为随机变量。随机效应模型可以表达如下：$y_i = X_i\beta + i\alpha_i + \varepsilon_i$，其中 y_i 和 ε_i 均为 $T \times 1$ 向量；X_i 是 $T \times K$ 矩阵；α_i 是一个随机变量，代表个体的随机效应。由于模型的误差项为两种随机误差之和，所以也称该模型为误差构成模型。还假定：

（1）α_i 和 X_{it} 不相关；

（2）$E(\varepsilon_{it}) = E(\alpha_i) = 0$；

（3）$E(\varepsilon_{it}\alpha_j) = 0$，$\forall i, j, t$；

（4）$E(\varepsilon_{it}\varepsilon_{js}) = 0$，$\forall i \neq j$ 或 $t \neq s$；

（5）$E(\alpha_i\alpha_j) = 0$，$i \neq j$；

（6）$\delta_\varepsilon^2 = E(\varepsilon_{it}^2)$，$\forall i, t$；

（7）$\delta_\alpha^2 = E(\alpha_i^2)$，$\forall i$。

给定这些假设，随机效应面板数据模型也可以同样写为：

$y = x\beta + \mu$

2. 随机效应模型的估计

在随机效应模型的估计中，一般有两种情况：一种是在 σ_ε^2 和 σ_α^2

已知的条件下,直接用 GLS;另一种是在 σ_ε^2 和 σ_α^2 未知的条件下,采用可行的广义最小二乘法(FGLS)。本书在此只介绍第二种情况的估计原理。

如果没有 σ_ε^2 和 σ_α^2 的信息,就必须首先运用数据对它们进行估计。因为我们的目的是得到 $\sum$ 的一致估计值,然后采用 FGLS 方法,所以需要对 σ_ε^2 和 σ_α^2 进行一致估计。在这种情况下,GLS 是一致的和渐进有效的。一致估计量要求:当样本量趋近无穷大时,估计量同时趋近真实值。在面板数据模型中,就要求 N 和 T 分别趋向无穷大,这时是有问题的。估计的步骤如下:

(1)估计 σ_ε^2 和 θ:利用前面提到的内部估计量和中间估计相关的误差项:

$$\hat{\delta}_W = \frac{SSE_W}{N(T-1)} \xrightarrow{P} \delta_\varepsilon^2$$

$$\hat{\delta}_\beta = \frac{SSE_W}{N} \xrightarrow{P} \delta_\alpha^2 + \frac{\delta_\varepsilon^2}{T}$$

其中,SSE 代表估计模型中随机误差项的平方和。由此可对 σ_ε^2 和 θ 进行估计,其中,$\hat{\theta}^2 = \frac{\delta_W^2}{T\delta_\beta^2}$。

(2)求 $\sum^{-1}$ 的一致估计量,具体公式如下:

$$S'_1 = \sum_{t=1}^{T}(W_{yy,t} - W'_{xy,t}W_{xx,t}^{-1}W_{xx,t})$$

$$W_{yy,t} = \sum_{t=1}^{T}(y_{it} - \bar{y})^2, \bar{y}_t = \frac{1}{N}\sum_{i=1}^{N}y_{it}$$

$$W_{xx,t} = \sum_{t=1}^{T}(x_{it} - \bar{x})(x_{it} - \bar{x})'$$

$$\bar{x}_t = \frac{1}{N}\sum_{i=1}^{N}x_{it}$$

$$W_{xy,t} = \sum_{i=1}^{N}(x_{it} - \bar{x}_t)(y_{it} - \bar{y})$$

(3)按 $\sum$ 已知的情况对 β 进行估计:

$$\hat{\beta}_{FGLS} = (X' \sum\nolimits^{-1} X)^{-1} X^{-1} X' \sum\nolimits^{-1} y$$

三 模型检验

由于存在两种模型（固定效应模型和随机效应模型），所以在检验模型的过程中，存在是使用固定效应模型还是随机效应模型的问题。格林勒（Greene）在1997年介绍了如下两种常用的检验方法：一种是由布鲁斯（Breush）和帕干（Pagan）在1980年提出的拉格朗日检验法；另一种是Hausman在1978年提出的Hausman检验法。Hausman检验法其实是一种Wald检验法。这两种方法均可以用于验证面板数据模型的设定应该是固定效应还是随机效应。本书在此只简单地介绍Hausman检验法。

Hausman检验的前提是如果模型包含随机效应，它应与解释变量相关。因此在随机效应与解释变量不相关（原假设）的假定下，内部估计量和GLS得出的估计量是一致的，但内部估计量不是有效的。在随机效应与解释变量相关（备择假设）的假定下，GLS不再是一致的，而内部估计量仍是一致的。因此在原假设下，$\hat{\beta}_w$与$\hat{\beta}_{GLS}$之间的绝对值差距应该不大，而且应该随着样本的增加而缩小，并逐渐趋近于0。而在备择假设下，这一点不成立。Hausman利用这个统计特点建立了以下的统计量：

$$W = (\hat{\beta}_w - \hat{\beta}_{GLS})' \sum\nolimits_{\beta}^{-1} (\hat{\beta}_w - \hat{\beta}_{GLS})$$

注意：这里的$\sum_{\beta}$表示β的两种估计量协方差矩阵之差。Hausman的一个基本结论就是有效估计量和非有效估计量之差，即$\hat{\beta}_w - \hat{\beta}_{GLS}$的协方差等于0，所以：

$$\sum\nolimits_{\beta} = \text{var}(\hat{\beta}_w - \hat{\beta}_{GLS}) = \text{var}\hat{\beta}_{\beta} - \text{var}\hat{\beta}_{GLS}$$

即 $\sum_{\beta} = \text{var}\hat{\beta}_{\beta} - \text{var}\beta_{GLS}$

Hausman统计量即Wald统计量渐进服从自由度为k的χ^2分布：

$$W \xrightarrow{d} \chi^2(k)$$

第五节 本章小结

本章通过对高管团队的相关理论进行研究,分析高管团队背景特征对公司绩效影响的因素,根据影响因素做变量选择。列举数据的来源和处理方法和程序,最后介绍模型的方法。

第四章 基于影响模型的高管背景特征对公司绩效影响的实证研究

第一节 房地产行业的实证研究

一 房地产行业高管背景特征与公司绩效的描述性统计

本章主要目的在于研究高管团队的一些背景特征与公司的绩效之间的一些关系，因此我们根据研究的重点对房地产上市公司高管团队的一些特征和房地产公司绩效进行描述性分析，具体结果如表 4-1 和表 4-2 所示。

表 4-1　　房地产行业高管背景特征的描述性统计

变量	roe	time	edu	hedu	age	hage	hmajor	gov	sex	gratio	jianren
平均值	0.11	1.91	3.50	0.62	46.4	0.17	0.59	0.15	0.15	0.22	0.59
中位数	0.10	1.86	3.50	0.62	46.4	0.16	0.62	0.11	0.15	0.14	0.57
最大值	1.40	6.48	4.11	0.97	53.5	0.28	0.97	0.50	0.38	0.78	1.00
最小值	-0.40	0.00	2.73	0.35	37.4	0.09	0.29	0.00	0.00	0.00	0.20

注：本表是房地产行业各个变量在所有的年份中的数据特征，比如，平均净资产收益率是指把 5 年中样本公司所有的平均净资产收益率加总后取平均值。

表 4-2　　房地产行业高管背景特征的描述性统计

年份	roe	time	edu	hedu	age	hage	hmajor	gov	sex	gratio	jianren
2005	0.05	1.58	3.44	0.62	45.48	0.17	0.61	0.15	0.15	0.28	0.60

续表

年份	roe	time	edu	hedu	age	hage	hmajor	gov	sex	gratio	jianren
2006	0.09	1.96	3.47	0.62	46.03	0.17	0.61	0.15	0.15	0.23	0.60
2007	0.15	2.42	3.49	0.61	46.24	0.17	0.62	0.15	0.17	0.23	0.56
2008	0.13	1.75	3.49	0.62	46.80	0.16	0.59	0.13	0.15	0.22	0.59
2009	0.11	1.83	3.62	0.63	47.66	0.16	0.51	0.16	0.15	0.13	0.59

注：本表是房地产行业各个变量在每年中的平均值，比如，2005年的平均净资产收益率是0.12，它指的是该行业在2005年样本公司的平均净资产收益率为12%。

从样本整体上来看，我国房地产业公司近几年来平均净资产收益率为11%，处在一个相对合理的水平，但这只是我们的样本公司所显示的结果。在现实的经济中，我们一般认为房地产行业是一个暴利的行业，在房地产公司的财务报表中，很多财务人员往往会减小这种净资产收益率，一方面可以减轻税负；另一方面则可以减少众怒。团队高管的平均任期在2年左右，高管团队的结构相对稳定。高管的教育水平异质性相差很大，高管受教育的专业也呈现多样化，同时高管团队的平均年龄约为46岁，保持了一个相对年轻的高管队伍。从总体上来说，在房地产公司政府的持股比例约为22%，这说明市场上很多房地产公司属于国有控股或参股企业，政府在房地产市场上的影响作用很显著。

从该行业历年的数据来分析，该行业的平均净资产收益率水平基本保持在10%以上，高管的受教育水平有随时间上升的趋势。该行业历年的净资产收益率还是很低的，因为我国处在一个城市化的进程中，房地产行业会得到长足的发展；教育水平的异质性和专业的多样化在历年中都没有什么改变。平均年龄随着时间的延续，有比较明显的上升，年龄的异质性则基本保持不变。房地产行业中，女性高管的比例变化不是很大，基本稳定。2005年政府平均持股比例为28%，而到了2009年，政府平均持股比例下降到13%，这说明政府在房地产市场上的影响随着时间的延续在逐渐地减弱。同时，上面的数据显示高管的持股比例也有很明显的上升趋势。

二 房地产行业高管背景特征与企业绩效的相关性分析

我们把房地产行业同一变量的所有数据归为一个序列，然后我们把面板数据转化成截面的数据，在此对截面的数据进行简单的相关分析。当然这种相关分析是存在缺陷的，因为我们把面板数据转化成截面数据的同时，就忽略时间影响的系统性差异。在现实生活中，经济变量之间的关系并不是稳定的。该解释变量今年对被解释变量有显著性的影响，也许明年该变量的显著性检验并不明显。同时很多变量之间并不是简单的线性关系，该变量在这个水平上对被解释变量有正的影响。在若干年之后，该变量处在另一个水平上，它对被解释变量的影响也许会变成负的。因为本书只选择了5年的时间数据，时间的区间比较短，同时通过上面对样本公司各个变量的描述性分析，我们可以看到各个变量的数据还处于相对稳定的状态。因此，我们可以把面板数据转化成截面数据，然后做一个相关分析。此处的相关分析，只是为了对后面的面板分析结果做进一步的佐证。在房地产行业中，各个变量与公司的净资产收益率之间的相关关系如表4-3所示。

表4-3　房地产行业高管背景特征与公司绩效的相关性分析

Spe	age	hage	edu	hedu	hmajor	time	size	gov	gratio	sex	jianren
相关系数	-0.05	0.11	-0.05	0.01	0.04	0.12	-0.11	0.16	-0.08	0.14	-0.08
P值	0.54	0.19	0.53	0.92	0.63	0.10	0.18	0.05	0.31	0.09	0.37

注：pearson 计算皮尔逊积差相关系数并作显著性检验，适用于两列变量均为正态分布的连续变量；spearman 计算斯皮尔曼等级相关系数并作显著性检验对数据分布没有严格要求。在此我们选择 spearman 方法估计相关系数及显著性。

表4-3是我们对房地产行业高管的各个变量进行相关性分析后的结果。从表4-3中可以看到，高管的任职日期（time）、有政府工作经历的高管比例（gov）、高管的持股比例（gratio）、女性高管的比例（sex）、高管的平均薪酬水平与公司绩效之间存在相关关系。其中，有政府工作经历的高管比例和高管的持股比例在5%的显著性水平下通过了检验，其他三个变量在10%的显著性水平下通过了检验。

除此之外，这五个变量均与公司绩效之间存在正相关关系，其中相关关系系数最大的是高管的持股比例，相关系数最小的变量是女性高管的比例。其他的变量与公司绩效之间的关系不是很显著。

三 房地产行业高管背景特征与企业绩效的面板数据分析

（一）房地产行业高管背景特征相关数据的 ADF 检验

在经济和金融统计中的时间数据一般是不平稳的。对于不平稳的数据，我们不能直接拿来做预测和回归分析，只有把非平稳的时间序列转化成平稳的时间序列之后，才能做计量分析。因为本书采用的数据都是时间序列的，所以我们首先对数据做平稳性检验。检验的结果如表 4-4 所示。

表 4-4　房地产行业高管团队特征相关数据的 ADF 检验

变量	method	Statistic	Prob. **	Obs
净资产收益率	Levin, Lin & Chu t*	-10.1451	0.0000	120
	PP - Fisher Chi - square	95.6624	0.0023	120
团队规模	Levin, Lin & Chu t*	-6.85057	0.0000	88
	PP - Fisher Chi - square	55.5239	0.1141	88
高管的平均任期	Levin; Lin & Chu t*	-19.7695	0.0000	120
	PP - Fisher Chi - square	154.120	0.0000	120
平均教育水平	Levin, Lin & Chu t*	9.85546	0.8012	116
	PP - Fisher Chi - square	72.9326	0.0896	116
教育水平的异质性	Levin, Lin & Chu t*	69.0695	0.0924	120
	PP - Fisher Chi - square	122.649	0.0000	120
平均年龄	Levin, Lin & Chu t*	-4.21496	0.0000	120
	PP - Fisher Chi - square	54.0059	0.6933	120
年龄水平的异质性	Levin, Lin & Chu t*	-5.75513	0.0000	120
	PP - Fisher Chi - square	78.7739	0.0453	120
专业水平的异质性	Levin, Lin & Chu t*	-9.23215	0.0000	120
	PP - Fisher Chi - square	83.4662	0.0243	120
高管的平均薪酬	Levin, Lin & Chu t*	-1.21408	0.1124	120
	PP - Fisher Chi - square	35.8136	0.9945	120

续表

变量	method	Statistic	Prob.**	Obs
有政府工作经历高管比例	Levin, Lin & Chu t*	-3.24258	0.0006	112
	PP-Fisher Chi-square	48.9550	0.7363	112
女性高管的比例	Levin, Lin & Chu t*	-6.01183	0.0000	112
	PP-Fisher Chi-square	56.6293	0.4514	112
高管的持股比例	Levin, Lin & Chu t*	$-4.90E+14$	0.0000	104
	PP-Fisher Chi-square	84.8693	0.0027	104
政府的持股比例	Levin, Lin & Chu t*	$-3.60E+14$	0.0000	96
	PP-Fisher Chi-square	89.1210	0.0003	96
高管兼任的比例	Levin, Lin & Chu t*	-9.53664	0.0000	120
	PP-Fisher Chi-square	83.1887	0.0255	120

表4-4是我们利用面板数据的单位根检验方法（LLC检验和PP检验）得出的检验结果。通过上述的检验结果我们可以看到，变量净资产收益率、团队规模、高管的平均任期、教育水平的异质性、年龄水平的异质性、专业水平的异质性、高管的持股比例、高管兼任的比例和政府的持股比例在LLC检验和PP检验下不存在单位根，也就是说上述变量既不存在同质面板单位根，也不存在异质面板单位根，这些面板数据是平稳的。在LLC检验中，高管的平均教育水平、平均薪酬在10%的显著性水平下是不平稳的，即它们存在同质面板单位根，而变量平均年龄、平均薪酬、有政府工作经历的高管比例和女性高管的比例在10%的显著性水平下也是不平稳的，即它们之间存在异质面板单位根。通过上面的检验，我们看到并不是所有的变量都是平稳的，它们有一部分是不平稳的。下一步我们检验不平稳变量差分之后的平稳性如何。具体的检验结果如表4-5所示。

表4-5　　　　　　　　非平稳变量差分之后的ADF检验

差分的变量	method	Statistic	Prob.**	Obs
高管的平均薪酬	Levin, Lin & Chu t*	-60.4975	0.0000	90
	PP-Fisher Chi-square	151.266	0.0000	90

续表

差分的变量	method	Statistic	Prob.**	Obs
有政府工作经历的高管比例	Levin, Lin & Chu t*	-8.78792	0.0000	84
	PP - Fisher Chi - square	68.44	0.0893	81
女性高管的比例	Levin, Lin & Chu t*	-20.3007	0.0000	75
	PP - Fisher Chi - square	81.4094	0.0019	72
平均年龄	Levin, Lin & Chu t*	-16.3149	0.0000	90
	PP - Fisher Chi - square	108.963	0.0001	87
平均受教育水平	Levin, Lin & Chu t*	-16.8242	0.0000	87
	PP - Fisher Chi - square	160.3	0.0000	87

本书对不平稳变量高管的平均薪酬、有政府工作经历的高管比例、女性高管的比例、平均年龄和平均受教育水平做了一阶差分，然后进行 LLC 检验和 PP 检验。由表 4-5 可以看到，上述四个变量在 10% 的显著性水平上均通过了检验，也就是说，上述四个变量在进行一阶差分之后，既不存在同质面板单位根，也不存在异质面板单位根。由此我们得到如下结论，虽然变量的原始数据是非平稳的，但它们都是一阶单整的。因此，我们需要对变量做协整检验，验证它是否可以直接用来做回归分析。

（二）房地产行业高管背景特征相关数据的协整检验

在进行时间序列分析时，传统上要求所用的时间序列必须是平稳的，即没有随机趋势或确定趋势，否则会产生"伪回归"问题。但是，在我们现实经济中，时间序列通常是非平稳的，我们可以对它进行差分或者取对数把它变平稳。如果采用差分的方法，会让我们失去总量的长期信息，而这些信息对分析问题来说又是必要的；如果采用取对数的方法，会使变量的经济含义不是很明显，所以我们一般用协整来解决此问题。通过上面的检验分析，我们可以看到，在我们所选择的变量中，部分变量是平稳的，而其他的变量则是不平稳的。本书通过对不平稳变量进行差分处理，然后检验其平稳性，其结果均显示是一阶差分平稳的，因此我们的变量属于同阶差分平稳变量。因为变量属于同阶差分平稳，因此我们可以进行协整关系检验。如果变量之间存在协整关系，那么我们就可以继续进行面板分析；如果变量不存在协整关系，那么我们就需要对变量做相应的变换，对数据做一定的处理。利用协整检验中的 Kao（engle - granger based）协整检验得到的结果见表 4-6。

表 4-6　　　　房地产行业各个变量的协整检验结果

ADF	t - Statistic	Prob.
	-1.725624	0.0396
Residual variance	9.08E+10	
HAC variance	9.10E+10	

通过表 4-6 的 Kao 检验，我们可以看到 Prob < 0.05，因此我们可以认为，我们所选择的上述变量是协整的，即这些变量之间存在着长期的协整关系。

（三）房地产行业高管背景特征相关数据的 Hausman 检验

本书通过对房地产行业的各个变量进行单位根检验、协整检验发现：该行业的数据满足面板模型分析的基本假设条件。本书在此对模型的具体形式进一步确认。Hausman 检验的结果如表 4-7 所示。

表 4-7　　　　房地产行业各个变量的 Hausman 检验结果

Test Summary	Chi - Sq. Statistic	Chi - Sq. d. f.	Prob.
Cross - section random	22.36207	13	0.050

表 4-7 的检验结果显示 χ^2 统计量的值为 22.36，Prob = 0.05。通过查表可得 χ^2（13）在 5% 的显著性水平下的临界值为 22.36207。因此我们认为，在 5% 的显著性水平下，房地产行业高管背景特征与公司绩效之间的关系可以用固定效应模型来估计。

（四）房地产行业高管背景特征相关数据的面板数据分析

本书上面对房地产公司的数据进行了单位根检验和协整检验，最终发现房地产行业的数据虽然不是平稳的序列，但是各个变量之间存在着协整关系，符合我们面板模型的假设条件，因此我们利用 Hausman 检验的结果对房地产公司的数据进行面板回归。具体的回归结果如表 4-8 所示。

表 4-8　　　　　　　　房地产行业面板回归结果

变量	Coefficient	Std. Error	t – Statistic	Prob.
团队规模	0.00618	0.003107	1.989289	0.0492
高管的平均任期	0.011009	0.005204	2.115471	0.0367
平均教育水平	−0.008092	0.026882	−0.301015	0.764
教育水平的异质性	−0.098909	0.091201	−1.084512	0.2806
高管平均年龄	0.001702	0.003534	0.481569	0.6311
年龄水平的异质性	−0.652874	0.262208	−2.489912	0.0143
专业水平的异质性	0.006114	0.056667	0.107893	0.9143
高管的平均薪酬	$-1.15E-11$	$1.65E-11$	−0.696149	0.4878
有政府工作经历的高管比例	0.133743	0.064365	2.0779	0.0401
女性高管的比例	−0.0577	0.129636	−0.445092	0.6572
高管的持股比例	0.477438	0.150869	3.164576	0.002
政府的持股比例	0.119619	0.03767	3.175418	0.002
高管的兼任比例	−0.069494	0.061574	−1.128624	0.2616

由表 4-8 可以看到，变量高管团队规模、平均任期、年龄的异质性水平、有政府工作经历的高管比例、高管的持股比例和政府的持股比例在 5% 的显著性水平下通过了检验，即上述变量对房地产公司的绩效有显著性的影响。而变量平均教育水平、教育水平的异质性水平、高管的平均年龄、专业的异质性水平、高管的平均薪酬、女性高管的比例和高管的兼任比例在 5% 的显著性水平下没有通过检验，即上述变量对房地产公司的绩效没有显著的影响。下面我们对每个变量进行分析。

变量团队规模（size）对公司绩效有显著性的影响，其系数为 0.00618，系数为正，说明团队规模越大对公司绩效的影响越明显，特别是房地产公司类企业。房地产公司生产产品的主要原材料是土地。中国是社会主义国家，土地属于国有。因此，公司要发展业务就要购买土地，购买土地就需要与政府搞好关系。如果团队规模越大，则公司的人力资源越多，那么公司就会有更多的其他资源。实证结果显示：对于房地产行业的公司而言，在一定的范围内，公司的团队规模增加，则企业的经济效益得到提高。

高管的平均任期（time）对公司绩效也有显著性的影响，其影响系数为 0.011009，其为正值。这说明在房地产市场上如果公司的高管平均任期延长，有利于提高企业的公司绩效。高管的平均任期的影响与我们的研究假设相矛盾。其实我们如果从另一个角度去考虑，这一结果也是不难理解的。房地产公司高管的平均任期增加，那么团队内部的凝聚力就会提升；同时随着团队的成熟，各高管的分工就会越来越明确，每个人在自己的岗位上可以发挥专长，从而为公司带来价值；当前高管的平均任期还处在一个比较低的水平，也许在这个水平上，它对公司绩效有正的影响。

接下来我们分析变量平均教育水平（edu）和教育水平的异质性（hedu）对公司绩效的影响。由表 4-8 我们可以看到这两个变量对公司没有显著性影响，也就是说，高管受教育程度的水平和差异性对公司绩效基本没影响。这个结论与本书前面对变量所做的研究假设相矛盾。实证分析的结果显示教育对房地产公司基本没有影响。本书认为这主要是由中国的国情决定的。中国现在的房地产行业属于朝阳产业，其起步于 1994 年。房地产市场在开始的时候发展缓慢，随着近年来国家扩大内需，加强固定资产投资，城市化进程的推进，房地产市场进入了迅猛发展的阶段。正因为我国的房地产市场处于起步期，所以高管的知识结构和认知结构对公司绩效的影响不是很明显。我国的房地产市场处在粗放型的增长模式中，因此高管的受教育程度对公司的战略影响不明显，对公司绩效的影响就不显著。

专业水平的异质性（hmajor）对公司绩效没有显著性的影响。这说明对房地产行业而言，专业的异质性不会影响公司的经营绩效。该变量的实证结果与本书前面的研究假设相矛盾。模型的回归出现这结果并不难以理解。上面的回归结果已经显示，变量平均教育水平和教育水平的异质性对公司绩效没有影响。这就说明对中国目前的房地产市场而言，高管的教育情况对公司绩效的影响并不明显。当然，我们不否认高管的教育状况对房地产公司的绩效有影响。这可能是因为房地产公司属于资本密集型企业，它的成立需要很大的资本金投入。房地产公司企业的创立者或者高管主要是当年我国改革开放初期第一批下海经商的人。他们挖到了改革开放的第一桶金，是中国第一批富裕起来的人。然而，这些人的学历水平相对较低，他们的成功不是因为他们受到了多么好的教育，而是因为他们具有很好的经商头脑。虽然现在越来越多的高知识分子进入房地产公司的管理层，但这种情况只是处于量变的阶段，还没有产生质变。知识对公司绩效的提升作用没有完全显现。

另外，分析高管平均年龄（age）和年龄水平的异质性（hage）这两个变量对公司绩效的影响。从上面的面板数据回归结果，可以看到年龄的异质性水平对公司绩效有显著性的负影响，这与本书前面的研究假设是一致的。而高管的平均年龄对公司绩效没有显著的影响。该变量的回归结果与前面的研究假设是不一致的。笔者认为，平均年龄对公司绩效之所以没有影响，主要是与目前房地产行业高管团队的组成有关。通过前面对房地产行业高管的描述性统计分析，我们可以看到房地产行业高管的平均年龄约为 47 岁，最大值约为 54 岁。当人们已经达到知天命的年龄时，他做起事情来就相当保守了，并且做事的风格基本没有什么大的变化，他们更想追求的是稳定。因此在这个年龄段，当高管的平均年龄增加时，对公司绩效也不会有显著的影响。高管年龄的异质性对公司绩效有显著的负影响，其值约为 -0.65。我们可以看到年龄的异质性不利于提高公司绩效。这说明年龄异质性给企业带来的不是业绩的提升，而是业绩的下降，年龄异质性的优势没有充分发挥出来。如今的社会知识更新迅猛，人们的知识水平不断地提高，老一辈人和年青一代人的代沟越来越大。年龄的异质性带来了团队的冲突增加，带来了决策成本的提高。高管团队年龄的异质性使团队内的凝聚力下降，各个高管不能尽职尽责地为公司价值最大化努力,因而使公司绩效水平下降。

有政府工作经历的高管比例(gov)与房地产公司绩效之间有显著的正相关,其数值约为 0.1337。这与我们前面所做的研究假设是一致的。同时该回归结果与现实的情况基本符合。中国的社会就是关系的社会。如果公司可以和政府搞好关系,那么就会有太多的资源、太多的利益。房地产公司进行房屋开发,需要的是土地,然而土地是国有的,如果公司有高管在政府工作过,那么该高管在政府的人脉资源就会被充分地利用起来,从而为公司创造巨大的价值。同时如果有政府工作经历的高管人数越多,那么这种资源就会越多,公司业绩就会得到提升。因此,高管政府工作经历的比例越大,则公司的业绩就会越好。

女性高管的比例(sex)对房地产公司的绩效没有显著影响。该实证结果与本书前面的研究假设相矛盾。从常理上来说,女性高管的比例较大,会给企业带来更好的效益。因为女性高管可以沟通企业的上层和下层,从而保证了企业有很好的战略执行力,同时女性自身的个人魅力也有利于高管团队的团结。因此,女性高管比例的增加会提高企业的业绩。但是在房地产企业中,女性高管比例的增加并不能很好地提高企业的业绩。

政府的持股比例(gratio)对公司绩效有显著的正影响,其系数约为 0.12。因为我国的很多房地产公司是由国有企业改造而来的,国有股在房地产上市公司中占有很大的比重。国有股的比例越大,则公司的绩效会相对好一些。这可以从以下方面理解:第一,国家对国有企业会有一些政策上的优惠和照顾。第二,国有企业的高管一般都有政府工作经历,他们在政府各部门有较好的人脉,能够为企业带来各种便利。第三,国有企业发展比较早,提前占领了市场,较早地拥有了自己的竞争力。

高管的兼任比例(jianren)对公司绩效没有显著的影响。这与我们前面所做的研究假设相冲突。这可能是因为虽然高管兼职的比例比较大,但相对应的是真正发挥作用的职位只有一个。高管虽然有很多的头衔,但这些头衔大部分是不能发挥实际作用的虚衔。虽然高管兼职比例的增大,表面看来会给高管带来名誉,但是实际上这些都不会给高管带来自身利益的好处。因此,该变量对公司绩效的影响并不明显。

本书选择了房地产行业作为资本密集型行业的代表。虽然每个行业都有自己的特点,但是它们之间存在许多共性。笔者认为,在房地产行业中对公司绩效起显著作用的变量在其他资本密集型的企业中也会有相近的作用。本书通过研究房地产行业高管的背景特征,一方面可以为房地产行业高管的引入机制提供一些建议,另一方面也可以为资本密集型的企业提供一定的参考。

第二节 制造行业的实证研究

一 制造行业高管背景特征与企业绩效的描述性统计

首先,对制造业行业中所选取的公司样本进行描述性统计分析,高管团队的背景特征与公司平均净资产收益率的具体结果如表4-9和表4-10所示。

表4-9　　　　　制造业行业各个变量的描述性统计

变量	roe	time	edu	hedu	age	hage	hmajor	gov	sex	gratio	jianren
平均值	0.12	2.20	3.49	0.61	49.37	0.35	0.43	0.05	0.07	0.38	0.58
中位数	0.11	2.00	3.52	0.63	49.86	0.34	0.45	0.04	0.06	0.43	0.58
最大值	0.45	5.90	4.07	0.75	57.31	0.70	0.66	0.33	0.26	0.82	1.00
最小值	-0.83	0.87	2.13	0.32	39.21	0.09	0.08	0.00	0.00	0.00	0.14

注:本表是制造业行业中各个变量在所有的年份的数据特征,比如,平均净资产收益率是指把5年中样本公司所有的平均净资产收益率加总后取平均值。

表4-10　　　　　制造业行业各个变量的描述性统计

年份	roe	time	edu	hedu	age	hage	hmajor	gov	sex	gratio	jianren
2005	0.12	1.94	3.43	0.61	48.79	0.17	0.44	0.05	0.07	0.45	0.56
2006	0.11	2.47	3.50	0.61	49.05	0.42	0.44	0.04	0.07	0.42	0.58

续表

年份	roe	time	edu	hedu	age	hage	hmajor	gov	sex	gratio	jianren
2007	0.16	2.10	3.47	0.61	49.37	0.41	0.42	0.05	0.07	0.43	0.59
2008	0.11	2.33	3.50	0.61	49.61	0.38	0.43	0.05	0.08	0.36	0.59
2009	0.08	2.18	3.56	0.61	50.04	0.37	0.43	0.05	0.08	0.26	0.59

注：本表是制造业行业各个变量在每年中的平均值。比如，2005年的roe是0.12。它指的是该行业在2005年平均的净资产收益率为12%。

从总体上来看，制造业行业的平均净资产收益率在12%左右，最大值为45%，最小值为-83%，这与现在的经济形势基本相符，各家公司之间的业绩差距是很大的。优秀的企业拥有核心技术，在市场中占据优势，因而平均的净资产收益率会高一些。并且在制造业行业中高管的受教育水平也是很高的，其值为3.49，大约相当于本科以上学历，高管较高的学历水平会给公司带来高质量的战略决策；其教育水平的差别程度也很大，同时高管的专业异质性相对较小。在该行业中，女性高管的比例相对较小，只有7%左右。同时该行业的高管年龄比较集中，在50岁左右。高管的持股比例相对比较小。在该行业中，高管的兼任比例也是很高的。一个高管有多个职位的现象也比较明显。

从表4-10可以看到，该行业历年的平均净资产收益率基本在10%左右，在2009年有下降的态势；公司的高管团队任期有逐渐上升的趋势，这有利于团队的稳定和战略的持续；在该行业中高管的教育水平和教育水平的差异性基本没变，该行业高管的年龄有上升的趋势，年龄的差异性在不同的年份差别很大；同时我们也可以看到，在该行业中女性高管的比例、政府工作高管的比例和高管的兼任比例一直维持在相对稳定的水平；在该行业中政府的持股比例也在下降。

二 制造行业高管背景特征与企业绩效的相关性分析

通过上面对制造业各个变量进行的描述性分析之后，我们发现在该行业中各个变量也是相对比较稳定的。因此，本书采用与房地产行业同样的数据处理方法，即把面板数据转化成截面数据，同时利用斯皮尔曼等级相关系数法对制造行业的各个变量与净资产收益率的相关性进行计算，并做显著性检验。把所要分析的变量导入SPSS16.0，最终的回归结果如表4-11所示。

表4-11　制造行业各个变量与公司绩效之间的相关系数

Spe	age	hage	edu	hedu	size	time	hmajor	gov	gratio	jianren	sex
相关系数	-0.11	0.21	0.04	-0.26	-0.23	-0.05	0.11	-0.08	-0.03	0.11	0.12
P值	0.17	0.01	0.59	0.00	0.01	0.51	0.19	0.31	0.76	0.18	0.10

注：本表是斯皮尔曼等级相关系数及显著性检验结果。

通过表4-11的斯皮尔曼相关系数可以看到，制造业中各个变量与净资产收益率之间的相关关系。年龄的异质性（hage）、团队规模（size）、教育水平的异质性（hedu）在5%的显著性水平下通过了检验，同时女性高管的比例（sex）在10%的显著性水平下也通过了检验。其中团队规模（size）和教育水平的异质性（hedu）与公司绩效之间是负的相关关系，其系数分别为-0.23和-0.26。由此看出，如果团队规模越大，那么公司的业绩就会越差，团队成员之间的冲突带来的成本大于团队成员相互合作带来的效益；高管教育水平的差异性使他们之间的观点差别很大，不利于公司凝聚力的培养，从而不利于企业的发展。变量年龄的异质性、女性高管的比例和平均薪酬水平与公司的净资产收益率之间是正的相关关系。其中与公司绩效相关系数最大的变量是年龄的异质性，其值为0.21。其他的变量与制造业上市公司的绩效不存在显著的相关关系。

三　制造行业高管背景特征与企业绩效的面板数据分析

（一）制造行业高管背景特征相关数据的ADF检验

通过前面的陈述，我们知道现实经济中的数据是不平稳的，特别是对于时间序列的数据。当数据是不平稳的时候，我们不能直接对模型进行回归分析，否则会产生"伪回归"，使结论出现偏差。本书选择的样本是30家上市公司5年内的数据，因此有可能存在数据不平稳的问题。因此，首先对30家上市公司的数据进行面板单位根检验。

表 4-12 是制造业的各个变量进行检验后的结果。

表 4-12　　　　　制造业各个变量的 ADF 检验

变量	method	Statistic	Prob. **	Obs
净资产收益率	Levin, Lin & Chu t*	-10.5809	0.0000	120
	PP-Fisher Chi-square	48.5472	0.8551	120
团队规模	Levin, Lin & Chu t*	-9.03096	0.0000	104
	PP-Fisher Chi-square	73.5687	0.0261	104
高管的平均任期	Levin, Lin & Chu t*	-18.7533	0.0000	120
	PP-Fisher Chi-square	149.515	0.0000	120
平均教育水平	Levin, Lin & Chu t*	-12.2755	0.0000	120
	PP-Fisher Chi-square	78.1111	0.0581	120
教育水平的异质性	Levin, Lin & Chu t*	-24.741	0.0000	120
	PP-Fisher Chi-square	95.2317	0.0026	120
平均年龄	Levin, Lin & Chu t*	-7.19102	0.0000	116
	PP-Fisher Chi-square	98.5697	0.0007	116
年龄水平的异质性	Levin, Lin & Chu t*	-53.4709	0.0000	120
	PP-Fisher Chi-square	291.758	0.0000	120
专业水平的异质性	Levin, Lin & Chu t*	-7.32737	0.0000	112
	PP-Fisher Chi-square	61.0620	0.2990	112
高管的平均薪酬	Levin, Lin & Chu t*	-3.39153	0.0003	116
	PP-Fisher Chi-square	98.6027	0.0007	116
有政府工作经历的高管比例	Levin, Lin & Chu t*	-46.8169	0.0000	80
	PP-Fisher Chi-square	82.7380	0.0001	80
女性高管的比例	Levin, Lin & Chu t*	-0.64149	0.2606	100
	PP-Fisher Chi-square	69.0871	0.0381	100
高管的持股比例	Levin, Lin & Chu t*	-4.50E+15	0.0000	104
	PP-Fisher Chi-square	101.602	0.0000	104
政府的持股比例	Levin, Lin & Chu t*	-11136.3	0.0000	100
	PP-Fisher Chi-square	90.4258	0.0004	100
高管兼任的比例	Levin, Lin & Chu t*	-18.1447	0.0000	120
	PP-Fisher Chi-square	123.664	0.0000	120

通过表 4-12 可以看到，变量团队规模（size）、高管的平均任期（time）、平均教育水平（edu）、教育水平的异质性（hedu）、平均年龄（age）、年龄水平的异质性（hage）、有政府工作经历的高管比例（gov）、高管的持股比例（mratio）、政府的持股比例（gratio）和高管兼任的比例（jianren）既不存在同质面板单位根，也不存在异质面板单位根，即上述变量均是平稳的。变量净资产收益率（roe）和变量专业水平的异质性（hcareer）均存在异质面板单位根，不存在同质面板单位根；而女性高管的比例（sex）不存在异质面板单位根，存在同质面板单位根。我们通过对所选取的变量进行单位根检验之后发现并不是所有的变量都是平稳的，有些变量或存在异质面板单位根，或存在同质面板单位根，因此我们不能直接进行面板回归。我们对非平稳变量进行差分，其差分之后的结果如表 4-13 所示。

表 4-13　　　　　制造业非平稳变量差分之后的 ADF 检验

差分的变量	method	Statistic	Prob.**	Obs
净资产收益率	Levin, Lin & Chu t*	-14.8788	0.0000	90
	PP - Fisher Chi - square	103.452	0.0004	90
专业水平的异质性	Levin, Lin & Chu t*	-31.0328	0.0000	81
	PP - Fisher Chi - square	86.1918	0.0020	78
女性高管的比例	Levin, Lin & Chu t*	-3.76197	0.0001	72
	PP - Fisher Chi - square	121.096	0.0000	72

由上面变量差分结果可以看到，变量 roe、hcareer 和 sex 在差分之后是显著的，也就是说净资产收益率、专业水平的异质性和女性高管的比例在一阶差分之后都是平稳的，既不存在同质面板单位根，也不存在异质面板单位根。它们都属于一阶单整的。

（二）制造行业高管背景特征相关数据的协整检验

上面各个变量的单位根检验显示并不是所有的变量都是平稳的。庆幸的是这些非平稳变量都是一阶单整的，因此只要它们之间存在协整关系，那么我们也可以利用面板模型对它们进行回归分析。本书对房地产公司各个变量间的协整关系检验用的是 Kao 检验。Kao 检验是基于 engle 检验,在此我们也利用该方法对制造业的公司进行 Kao 检验,具体的检验结果如表 4-14 所示。

表 4-14　　　　　　制造业各个变量之间的协整检验

	t - Statistic	Prob.
ADF	-5.127387	0.0000
Residual variance	3.04E+10	
HAC variance	2.33E+10	

上面的 Kao 检验结果显示,其 t 统计量值约为 -5.12,其 Prob < 0.05,因此我们可以得出如下结论:虽然某些变量是不平稳的,但是协整检验表明,各个变量之间是存在长期均衡关系的。因为变量之间存在长期的协整关系,因此我们不需要对数据进行进一步的处理。我们可以直接利用我们所有的数据进行面板回归分析。

(三) 制造行业高管背景特征相关数据的 Hausman 检验

本书通过对数据基本特征进行检验之后发现,数据特征基本满足模型的假设要求。接下来,需要分析的是在已有的条件下,采用固定效应模型,还是随机效应模型。利用 Eviews 6.0 对上述变量进行 Hausman 检验,其最终的检验结果如表 4-15 所示。

表 4-15　　　　　制造业行业各个变量之间的 Hausman 检验

Test Summary	Chi - Sq. Statistic	Chi - Sq. d. f.	Prob.
Cross - section random	17.725149	9	0.0432

表 4-15 列示了制造业公司 Hausman 检验的结果。制造业公司的 Hausman Test 统计量 (W) 是 17.725149,P 值是 0.0432,因此我们接受随机影响模型中个体影响与解释变量相关。通过上面的分析,我们将模型设定为固定效应模型。

(四) 制造行业高管背景特征相关数据的面板数据分析

通过上面一步一步的检验，最终我们采用固定效应模型对样本公司进行面板分析。我们对 30 家样本公司的数据进行面板分析后的结果如表 4-16 所示。

表 4-16　　　　　　　　　制造业面板模型回归结果

变量	Coefficient	Std. Error	t – Statistic	Prob.
团队规模	-0.001045	0.001605	-0.651292	0.516
高管的平均任期	-0.012313	0.007525	-1.636191	0.1001
平均教育水平	0.01287	0.018511	0.6953	0.4881
教育水平的异质性	-0.119211	0.084147	-1.41671	0.1589
平均年龄	-0.000576	0.002091	-0.275587	0.7833
年龄水平的异质性	0.125777	0.061535	2.044011	0.0429
专业水平的异质性	0.150445	0.070782	2.125459	0.0354
平均薪酬	$1.45E-07$	$3.56E-08$	4.080575	0.0001
有政府工作经历的高管比例	0.197048	0.172773	1.1405	0.2561
女性高管的比例	0.239912	0.138394	1.73355	0.0853
高管的持股比例	0.320130	1.840727	1.739151	0.0843
政府的持股比例	0.100168	0.037427	2.676365	0.0084
高管的兼任比例	0.036773	0.042328	0.868757	0.3865

通过利用面板数据进行回归分析，得到了上面的回归结果。我们可以看到，变量团队规模 (size)、平均教育水平 (edu)、教育水平的异质性 (hedu)、平均年龄 (age)、有政府工作经历的高管比例 (gov) 和高管的兼任比例 (jianren) 对公司绩效没有显著的影响，而变量高管的平均任期 (time)、年龄水平的异质性 (hage)、专业水平的异质性 (hcareer)、平均薪酬 (salary)、女性高管的比例 (sex)、高管的持股比例 (gratio)、政府的持股比例 (gratio) 对公司绩效有显著的影响。

团队规模 (size) 对公司绩效没有显著性的影响。制造业的公司属于传统的产业，它属于劳动密集型产业。这类企业的主要绩效应该取决于职工的工作效率，职工的工作效率越高，则企业的绩效越好；职工的工作效率低，则企业的业绩就会差。相对的团队规模对公司绩效的影响并不是很关键的因素。

高管的平均任期（time）对公司绩效有显著性的影响，其影响系数大约为 -0.0123。团队的平均任期越长，则公司的绩效越差。这与我们前面的研究假设是一致的。在目前的经济形势下，出现这种情况是可以理解的。我国在以前主要采取保护性的贸易措施，通过各种手段保护我国的传统产业，使其顺利发展。随着中国加入WTO，经济全球化进程的加快，我国的传统产业面临严重的威胁。当全球爆发金融危机时，很多制造业企业破产、倒闭。高管团队任期越长，越倾向于采用保守的战略，不利于公司竞争优势的培养。面对这种复杂多变的环境，团队平均任期长不利于企业业绩的提升。制造业公司只有不断地给公司注入"新鲜的血液"，才能保证它的活力和竞争力。

变量平均教育水平（edu）和教育水平的异质性（hedu）对公司绩效没有显著的影响，也就是平均教育水平和教育水平的异质性对制造业公司的绩效没有显著影响。这两个变量的回归结果都不符合我们前面的研究假设。我们不否认教育对公司的业绩有影响。目前中国的制造业企业还处在初级的发展阶段。我们没有完全从"中国制造"转变成"中国创造"。我们的制造业企业所创造的附加值是很小的。制造业企业的战略制定相对比较传统。高管较高的平均教育水平和教育的差异性优势在公司发展中的优势没有得到凸显。同时在目前的制造业中，科学技术的引入也不够。这种错误的发展模式部分要归咎于高管没有远见卓识，目光比较短浅，忽视了公司的长远利益。

变量专业水平的异质性（hmajor）对公司绩效有显著的影响，其系数约为0.15，也就是说，专业的异质性对公司绩效有显著的影响。这个结果符合我们前面的研究假设，然而它和变量edu和hedu的回归结果看起来有些冲突。笔者认为虽然高管受教育水平的变化对公司绩效的影响不是很明显，但是高管专业的异质性优势在高管团队中可以充分地体现出来。这种异质性的优势主要体现在以下方面：第一，当出现突发情况时，专业不同的高管可以从不同的角度对公司的发展提出建议；第二，大家群策群力，优势互补；第三，高管的人才队伍比较全面，可以提供全面的信息，遇到不同的问题，大家可以更好地发挥自己的长处。

上面的回归结果显示，变量平均年龄（age）对制造业上市公司的业绩没有显著的影响。即公司高管平均年龄的增大，对上市公司净资产收益率的影响不显著，与我们前面的研究假设相矛盾。本书认为，年长高管的主要优势在于：第一，高管的平均年龄大，意味着他们有更多的人生阅历，更多的经验。第二，高管的平均年龄大，有利于公司战略的稳定性和持续性，在一定程度上可以促进企业的发展。但是相对的这些优势在制造业中并不明显。制造行业本身有自己的特殊性。这是一个比较成熟的行业，企业需要获得自己的核心竞争力才能有所发展，相对而言创新比一切都重要。表 4-16 的回归结果表明，在制造业行业中，高管平均年龄的增大，并不会给制造业企业带来很大的效益。与该变量相对应的是年龄水平的异质性（hage）。变量 hage 对上市公司的绩效有显著的正影响，其值约为 0.13，这与本书前面的理论假设是一致的。虽然平均年龄对制造业公司没有影响，但是高管年龄异质性的优势在制造业中得到了很好的体现。高管的年龄差别很大，则公司在进行战略决策时，拥有的信息量就会越多，决策质量就会提高。年轻人充满活力和创新力，年长的人拥有丰富的经验和人脉，这两个方面都有利于提高公司的业绩。制造业企业处于不断改革的进程中，周围的环境复杂多变。年龄的异质性提高了企业的创新能力，使得企业获得更好的竞争力。因此，年龄的异质性提高了制造业企业的业绩。

变量女性高管的比例（sex）对公司绩效有显著的影响，即女性高管的比例对公司绩效有显著的正影响，其值约为 0.24；如果公司绩效与女性高管的比例是简单的线性关系的话，那么它们之间的斜率就是 0.24。实证回归的结果与本书前面的研究假设相符合。这说明女性的优势在制造业企业中充分地发挥出来。在这类劳动密集型的企业中，无论在高管层，还是在技术层，男性的比例都是非常高的。如果女性高管的比例在管理层中较大，那么女性的才能就会有所释放。她们可以有效地团结公司的高层和中间层，使企业的凝聚力提高。同时她们所释放的异性魅力也有利于企业的和谐，创造融洽的工作环境。

如果团队成员对该团队有很强的归属感和认同感,那么团队的工作效率都会提高很多。变量高管的兼任比例(jianren)对制造业公司的绩效基本没有显著的影响。这与我们的研究假设相矛盾。正如我们在前面所分析的那样,太多的虚职虽然在名义上看起来很好,但是虚职并不能提高高管工作的积极性。高管所看重的并不是自己职位的增多,而是自己实实在在可以得到的报酬或利益。因此高管兼任比例的增大,不会带来公司业绩的进一步改善。

政府的持股比例(gratio)对制造业的上市公司的绩效有显著的正相关的影响。当国有持股比例增加1%的时候,公司的净资产收益率会提高0.1%。国家持股比例的增加,说明国家在这个公司中有利益的存在。同时一般来说这些公司的高管与政府部门都有很好的交情。政府会给国家参股的公司一定的便利。除此之外,国家参股的公司高管一般在综合素质上都显得比较高一些。相对而言,国家参股公司会有相对较多的优势。

第三节　信息技术行业的实证研究

一　信息技术行业高管背景特征与企业绩效的描述性统计

依据本书所设计的模型,本书把信息技术行业中高管的背景特征进行了简单的描述性统计分析,其具体的描述性结果如表4-17和表4-18所示。

表4-17　　　　　　信息技术行业各个变量的描述性统计

变量	roe	time	edu	hedu	age	hage	hmajor	gov	sex	gratio	jianren
平均值	0.06	2.08	3.55	0.61	46.82	0.18	0.42	0.08	0.15	0.23	0.55
中位数	0.08	1.95	3.53	0.62	46.78	0.18	0.42	0.05	0.15	0.09	0.56
最大值	0.23	5.31	4.23	0.74	58.50	0.26	0.65	0.54	0.46	0.75	1.00
最小值	-0.63	.89	2.81	0.23	40.35	0.06	0.19	0.00	0.00	0.00	0.15

注:本表是信息技术行业各个变量在所有的年份中的数据特征,比如,平均净资产收益率是指把5年中样本公司所有的平均净资产收益率加总后取平均值。

表 4-18　　　　　信息技术行业各个变量的描述性统计

年份	roe	time	edu	hedu	age	hage	hmajor	gov	sex	gratio	jianren
2005	0.06	1.98	3.49	0.63	46.21	0.19	0.40	0.08	0.15	0.31	0.56
2006	0.04	2.01	3.55	0.62	46.44	0.18	0.41	0.08	0.15	0.26	0.56
2007	0.09	2.01	3.56	0.61	46.59	0.18	0.41	0.08	0.15	0.22	0.55
2008	0.05	2.32	3.59	0.61	47.05	0.18	0.44	0.08	0.15	0.22	0.53
2009	0.07	2.07	3.58	0.61	47.81	0.17	0.45	0.08	0.16	0.14	0.54

注：本表是制造业行业各个变量在每年中的平均值。

信息技术行业总体的净资产收益率约为6%，相对较低。这主要是因为技术密集型的行业一般是高风险高收益，在该行业的发展初期，公司的平均净资产收益率是比较低的，等该行业成熟之后，收益率会有很大的提升。我国的信息技术行业现在仍处在一个初级阶段。同时高管的受教育水平都非常高，这也凸显了信息技术行业的特点，它对高管的学历要求是非常高的。相对应的该行业高管的教育水平异质性和专业异质性也很大，在该行业中有政府工作经历的高管显得比较少，同时该行业中女性高管的比例也比较适中，大约为15%，该行业高管的平均年龄基本在47岁上下，保持了一个相对年富力强的高管团队。该行业高管的年龄异质性不是很大，大约为18%。

表 4-18 列示了信息技术行业历年的一些情况。从该表可以看到，信息技术行业每年的平均净资产收益率的变化不是很大，基本稳定，保持在6%的水平。同时该行业高管的平均团队任期在2年上下，团队的内部结构也是比较稳定的。高管的教育水平随着时间的推移，有逐渐升高的趋势；而教育水平的异质性则有一定程度的下降，专业的异质性程度则从2005年的0.4上升到了2009年的0.45。除此之外，政府高管的持股比例有了很明显的下降；有政府工作经历的高管比例、高管的持股比例和高管的兼任比例在历年中都保持相对稳定的状态。

二　信息技术行业高管背景特征与企业绩效的相关性分析

我们利用与上述两个行业同样的数据处理方法，即把样本的面板数据转化成截面数据,然后利用斯皮尔曼相关系数进行计算和检验。表4-19列示了信息技术行业高管的背景特征与公司绩效之间的相关系数及其显著性。

表4-19　　　　信息技术行业各个变量之间的相关系数分析

Spe	age	hage	edu	hedu	hmajor	time	size	gov	gratio	sex	jianren
相关系数	-0.13	0.02	0.05	-0.19	-0.08	0.07	0.08	-0.01	0.01	-0.21	-0.08
P值	0.10	0.79	0.54	0.01	0.33	0.38	0.28	0.92	0.94	0.01	0.31

注:本表是斯皮尔曼等级相关系数及显著性检验结果。

由表4-19可以看到信息技术行业各个变量与公司绩效的相关关系:高管团队教育水平的异质性(hedu)和女性高管的比例(sex)在5%的显著性水平下通过了检验,而变量平均年龄(age)、高管的持股比例(gratio)在10%的显著性水平下通过了检验。其中平均年龄水平、教育水平的异质性和女性高管的比例与公司绩效之间是显著的负相关关系,这三个变量中最大的负相关系数为-0.21。这说明高管平均年龄的增长,教育水平异质性提高都不利于企业的发展。同时,女性高管的比例与公司绩效也是负相关的关系,原因之一是信息技术行业的竞争是很激烈的,女性也许不适合这种压力很大的行业;原因之二是女性高管现在所占的比例不利于公司业绩的改善。变量高管的持股比例与公司的净资产收益率之间存在正相关的关系,其系数为0.14。除上述变量之外,其他的变量与信息技术行业公司的净资产收益率之间的相关关系并不是很明显。

三　信息技术行业高管背景特征与企业绩效的面板数据分析

(一)信息技术行业高管背景特征相关数据的ADF检验

根据上面的分析,对时间序列数据进行回归分析的前提是序列是平稳的。本书选择了制造业的30家样本公司5年的数据。由于本书所选择的样本是时间序列的数据,因此首先对各个变量的平稳性进行检验,具体的ADF检验结果如表4-20所示。

表4-20　　信息技术行业各个变量的 ADF 检验

差分的变量	method	Statistic	Prob.**	Obs
净资产收益率	Levin, Lin & Chu t*	-1.47973	0.0695	120
	PP - Fisher Chi - square	77.1977	0.0667	120
团队的规模	Levin, Lin & Chu t*	-9.0613	0.0000	112
	PP - Fisher Chi - square	79.6961	0.0204	112
高管的平均任期	Levin, Lin & Chu t*	-9.92045	0.0000	120
	PP - Fisher Chi - square	120.666	0.0000	120
平均教育水平	Levin, Lin & Chu t*	-27.4067	0.0000	116
	PP - Fisher Chi - square	143.315	0.0000	116
教育水平的异质性	Levin, Lin & Chu t*	-8.67118	0.0000	120
	PP - Fisher Chi - square	95.9130	0.0022	120
平均年龄	Levin, Lin & Chu t*	0.03294	0.5131	120
	PP - Fisher Chi - square	59.7245	0.4857	120
年龄水平的异质性	Levin, Lin & Chu t*	-46.9558	0.0000	120
	PP - Fisher Chi - square	81.2321	0.0354	120
专业水平的异质性	Levin, Lin & Chu t*	-15.3267	0.0000	116
	PP - Fisher Chi - square	68.4486	0.1639	116
高管的平均薪酬	Levin, Lin & Chu t*	-10.4072	0.0000	120
	PP - Fisher Chi - square	67.4249	0.2382	120
有政府工作经历的高管比例	Levin, Lin & Chu t*	-3.50056	0.0002	84
	PP - Fisher Chi - square	52.3492	0.1315	84
女性高管的比例	Levin, Lin & Chu t*	-5.64779	0.0000	108
	PP - Fisher Chi - square	58.0062	0.3299	108
高管的持股比例	Levin, Lin & Chu t*	-2.20E+14	0.0000	68
	PP - Fisher Chi - square	57.0430	0.0079	68
政府的持股比例	Levin, Lin & Chu t*	-19.649	0.0000	76
	PP - Fisher Chi - square	58.7547	0.0169	76
高管兼任的比例	Levin, Lin & Chu t*	-9.36417	0.0000	120
	PP - Fisher Chi - square	108.462	0.0001	120

表4-20的检验结果表明，并不是所有的变量都是平稳的。变量团队的规模、高管的平均任期、平均教育水平、教育水平的异质性、

年龄水平的异质性、高管的持股比例、政府的持股比例和高管兼任的比例在5%的显著性水平下是平稳的,既不存在同质面板单位根,也不存在异质面板单位根,变量净资产收益率在10%的显著性水平下也是平稳的,而变量专业水平的异质性、高管的平均薪酬、有政府工作经历的高管比例和女性高管的比例不存在同质面板单位根,但是存在异质面板单位根,变量平均年龄存在同质面板单位根和异质面板单位根两种。部分变量是不平稳的,因而不能直接进行面板回归分析。首先对不平稳变量进行差分,然后检验变量差分之后的平稳性。变量差分之后的平稳性检验如表4-21所示。

表4-21　　　　　　非平稳变量差分之后的 ADF 检验

差分的变量	method	Statistic	Prob. **	Obs
平均年龄	Levin, Lin & Chu t*	-16.4561	0.0000	90
	PP – Fisher Chi – square	131.077	0.0000	90
专业水平的异质性	Levin, Lin & Chu t*	-57.5034	0.0000	87
	PP – Fisher Chi – square	120.976	0.0000	87
高管的平均薪酬	Levin, Lin & Chu t*	-54.4174	0.0000	90
	PP – Fisher Chi – square	130.582	0.0000	90
有政府工作经历的高管比例	Levin, Lin & Chu t*	-101.782	0.0000	63
	PP – Fisher Chi – square	69.0445	0.0053	63
女性高管的比例	Levin, Lin & Chu t*	-26.9009	0.0000	81
	PP – Fisher Chi – square	91.3746	0.0003	75

对非平稳变量平均年龄、专业水平的异质性、高管的平均薪酬、有政府工作经历的高管比例和女性高管的比例进行差分之后发现,这些变量在进行一阶差分之后,在5%的显著性水平下都变为平稳的,即这些变量既不存在同质面板单位根,也不存在异质面板单位根。这些变量都是一阶单整的变量。对于同阶单整的变量,我们可以检验这些变量之间是否存在协整关系。如果变量之间存在协整关系,那么可以继续进行回归分析;反之,如果变量之间不存在协整关系,我们只能尝试其他的方法。

(二) 信息技术行业高管背景特征相关数据的协整检验

单位根检验的结果表明并不是所有的变量都是平稳的,但是,所有的变量在一阶差分之后都是平稳的,因此我们利用面板协整检验中 Kao 检验对上述变量之间的协整关系进行分析。

表 4-22　　信息技术行业各个变量的协整关系检验

	t – Statistic	Prob.
ADF	-2.336700	0.0097
Residual variance	4.06E+09	
HAC variance	2.94E+09	

表 4-22 列示了利用面板协整检验中的 Kao 检验的检验结果。我们可以看到 Kao 检验的 t 值为 -2.34,Prob 约等于 0.01。表 4-22 的检验结果告诉我们,虽然变量并不是平稳的,但是这些变量之间存在协整关系,它们之间存在一种长期的均衡关系。根据现有的经济理论,不需要对变量进行下一步的处理,直接可以进行面板的回归分析。

(三) 信息技术行业高管背景特征相关数据的 Hausman 检验

上面的 Kao 检验显示变量之间存在着长期的均衡关系,这表明可以利用面板模型对样本公司做回归分析。至于选择什么样的模型形式,利用 Hausman 检验对样本进行处理。Hausman 检验的具体结果如表 4-23 所示。

表 4-23　　信息技术行业面板模型的 Hausman 检验

Test Summary	Chi – Sq. Statistic	Chi – Sq. d. f.	Prob.
Cross – section random	11.021955	13	0.609

Hausman 检验结果显示 Prob > 0.05。因此在下面的回归分析中,要选择随机效应模型进行研究。

(四) 信息技术行业高管背景特征相关数据的面板数据分析

本书利用 Eviews 6.0 对样本进行面板回归分析。表4-24 是样本回归之后的结果。

表4-24　　　　　信息技术行业面板模型回归结果

变量	Coefficient	Std. Error	t - Statistic	Prob.
团队的规模	-0.002262	0.001537	-1.471952	0.1433
高管的平均任期	-0.002443	0.006835	-0.357345	0.7214
平均教育水平	0.062617	0.017494	3.579374	0.0005
教育水平的异质性	-0.009697	0.083075	-0.116722	0.9073
平均年龄	-0.003307	0.001709	-1.93482	0.0551
年龄水平的异质性	0.239859	0.170813	1.404221	0.1625
专业水平的异质性	-0.055648	0.052635	-1.057249	0.2923
高管的平均薪酬	$1.60E-07$	$4.61E-08$	3.465435	0.0007
有政府工作经历的高管比例	0.089031	0.062843	1.416723	0.1588
女性高管的比例	-0.058918	0.063557	-0.927023	0.3555
高管的持股比例	0.097878	0.055361	1.767988	0.0793
政府的持股比例	0.071926	0.028868	2.491571	0.0139
高管的兼任比例	0.001067	0.038746	0.027526	0.9781

表4-24 的面板回归结果表明，不同变量的影响方向是不同的；有些变量对公司绩效有显著的影响，有些变量则没有；变量对公司绩效影响的大小也相差很大。变量团队的规模、高管的平均任期、教育水平的异质性、年龄水平的异质性、专业水平的异质性、有政府工作经历的高管比例、女性高管的比例和高管兼任的比例对公司绩效没有显著性的影响；而变量平均教育水平、平均年龄、高管的平均薪酬、高管的持股比例和政府的持股比例对公司绩效则有显著性的影响。本书以下逐个分析各个变量对公司绩效的影响机制。

首先，分析团队的规模（size）对公司绩效的影响。表4-24 的结果显示团队规模对公司绩效没有显著的影响。一般认为，团队规模越大，那么企业的人力资源就会比较多；公司在制定战略决策时，会更加科学和合理。当然如果团队规模过大，也会造成团队内部的冲突。可是在信息技术行业中,团队规模的变化对公司的业绩是没有影响的。这在一定程度上也给了该行业企业一定的启示意义。其次,分析高管的平均任期(time)对信息技术行业公司绩效的影响。研究结果表明,变量高管的平均任期的 P 值为 0.72,大于 0.05,同时其 t 统计量的值约为 -0.357。上面的结果均表明团队的任期对公司的绩效没有影响。这与本书前面的研究假设相矛盾。现有的部分实证研究表明团队任期的延长,公司绩效一般是先升后降。当团队任期较短时为负的,后来变成正的,最后又变成负的。本书的实证分析表明,目前的团队任期对公司绩效没有影响,我们猜测可能该变量处在一个零点上,因此,该变量的系数不显著。这有待于后来者继续研究。

变量平均教育水平(edu)对信息技术公司的绩效有显著的正影响,其系数为 0.06。这个数值是很符合经济现实情况的,与本书的研究假设也保持一致。因为信息技术行业属于高科技行业。教育水平对公司的影响必然异常显著。高管的教育水平越高,那么他在公司中更容易树立威信,容易带动企业向前发展。高管的教育水平越高,他的目光相对会更长远,更愿意投入大量的资金去模仿和创新先进的技术。这对信息技术产业来讲是非常重要的。因此该变量对信息技术公司的绩效有提升的作用。变量教育水平的异质性(hedu)对信息技术公司的影响不显著。这与前面的研究假设是相矛盾的。回归结果显示,在现实的经济中,教育水平的异质性对信息技术行业没有影响。本书认为,出现这种结果的原因在于两个方面:一是教育水平的异质性对信息技术公司基本没有影响。高管教育水平的差异性好处在当前我国的国情下没有发挥的余地。二是高管的教育水平异质性在这个范围内对公司绩效没有影响,如果该变量的水平下降一部分,或者升高一部分,那么该变量的影响作用就会体现出来。

专业水平的异质性(hmajor)对公司绩效没有显著性的影响,这与我们前面的研究假设相冲突,但是与我们的教育水平异质性的回归结果是一致的。在信息技术行业中,企业发展的关键是新技术的研发。如果一个企业拥有了一个比较先进的技术专利权,那么它的业绩就会好。高管对公司绩效的影响程度赶不上一个好的研发团队。在我国这样一个不成熟的市场经济体制下，高管的专业异质性对公司战略的影响作用甚微。

变量平均年龄（age）对信息技术公司绩效有显著的负影响，其系数为-0.003，与我们的研究假设恰好相反。在目前的信息技术行业中，高管平均年龄的增大，不利于公司绩效的提升。该变量对公司绩效有负作用。在信息技术行业中，高管平均年龄增大，公司的战略相对会比较保守，而该行业的竞争比较激烈，不利于公司的发展。同时信息技术产业的发展是相当迅速的，很多年长的高管很难赶得上时代的步伐，因此他在一定程度上会给公司的发展带来负向的作用。相对而言，信息技术行业高管的平均年龄小，更能给企业带来活力和创新力，更能给企业带来效益。年龄水平的异质性（hage）对净资产收益率没有显著影响，与我们的研究假设相矛盾。这说明在该行业中，年龄水平的异质性不是公司绩效的关键变量，相对而言，平均年龄对公司绩效的影响会更明显一些。因此，我们在选择高管时，该变量并不是我们要考虑的主要变量。

变量女性高管的比例（sex）对公司绩效没有显著的影响，与我们前面的研究假设不一致。从理论上讲，变量 sex 对公司绩效肯定是有影响的。但是在一个回归方程中，一个自变量对因变量是否有影响是取决于很多因素的。如果回归结果中显示该变量没有影响，那么其中的一个原因是该变量在目前的水平下，对公司的绩效是没有显著影响的。我们不否认变量 sex 对公司绩效有影响。我们认为在目前的水平下，该变量对公司绩效的影响不显著，女性高管的魅力在团队中没有得到凸显。变量 jianren 对公司绩效也没有显著的影响。这与我们最初的理论假设是相反的。我们最初认为高管兼任比例的增多，必然会带来高管虚荣心的极度膨胀，从而为公司更加卖力地工作。然而现实的回归显示：高管对这种名誉的光环也许不是很在意。相比较而言，高管更看重的是实实在在能拿到的好处和利益。因此，高管兼任的比例这一变量是不显著的。

有政府工作经历的高管比例（gov）对公司绩效没有显著的影响，这与我们前面的研究假设是不一致的。然而政府的持股比例（gratio）

对公司业绩的影响也是非常显著的。这两个变量与公司绩效之间的关系看起来是非常矛盾的。其实它们之间存在矛盾主要是由信息技术行业的行业特点决定的。信息技术行业是比较高端的行业，地方性政府的官员对它的影响是比较小的。这种行业的发展主要取决于政府的政策鼓励和支持。国有参股或控股企业一定意义上都是政府的"私生子"。对于这种公司，国家出于战略意义的考虑，一般会给予很多优惠。同时，国家的很多计算机科学等高端项目都交给这些企业进行研发。这本身就造成了一种不公平竞争。在这种高端的行业，政府的持股比例对公司绩效的影响会非常显著；相对地，高管地方政府工作经历显得不是很重要。

第四节　本章小结

一　不同行业高管背景特征的描述性统计的对比分析

因为本书中所涉及的变量个数比较多，我们如果逐个对每个变量进行分析会显得文章比较繁杂。因此，我们在这儿仅选择了公司的净资产收益率，以及同质性指标和异质性指标及其他部分变量进行了简单的对比分析。在此我们只是想阐明一下我们分析问题的方法和思路。对于未列出来的变量的分析，其方法和思路是相同的。

以下我们对高管背景特征的部分指标与公司净资产收益率进行对比分析。我们首先对高管背景特征的平均值、最大值、最小值和中位数进行分析，从整体上分析它们之间的差别；其次对历年以来各个变量的平均值进行分析，从时间的维度上揭示这些变量的变化趋势。

首先，我们比较三个行业的平均净资产收益率状况。在这三个行业中，制造业公司的平均净资产收益率最高，为12%；房地产行业的平均净资产收益率次之，为11%；而信息技术行业的平均净资产收益率为6%。在现实的经济中，我们一般认为房地产行业是一个暴利的行业，从各个角度来说，该行业的净资产收益率应该最高，然而各个公司在制作财务报表时，一般人为地降低利润，使企业少缴税；同时房地产企业的资本规模一般比较大,这两个方面的原因导致房地产行业的平均净资产收益率较低。信息技术行业一般是高风险高收益的行业,开始的时候,这些企业的收益率很低,在经过一段时间的发展之后,这个行业的净资产收益率是非常高的,目前我国的信息技术行业仍然处在发展的初级阶段,因此目前的收益率水平也是比较合理的。制造业属于劳动密集型的行业,它在中国的市场上已经很成熟,其平均净资产收益率处在比较合理的水平。除此之外,我们也可以看到各个行业的公司之间净资产收益率的差别也比较大,房地产行业的最小值为-40%;最低的是制造业,为-83%,这从侧面说明目前的制造业市场竞争非常激烈,各个公司业绩的差距非常大。相对的是房地产市场,该市场目前在中国仍没有达到饱和的状态,每个公司的业务扩张空间巨大,因此它的最低收益率水平相对其他行业大一些,同时它们每个公司之间的业绩差距也很大。

其次,我们研究以下三个行业高管平均年龄的差别。我们从表4-25中可以看到,三个行业高管整体的年龄差别并不是很大。房地产行业高管的年龄相对最低,制造业行业的高管年龄相对最大。我们由上面可以看到各个行业高管的平均年龄在45—50岁。这个年龄段的人一般都年富力强,经验和人际关系都比较丰富。相对而言,该年龄段的管理层既有不断进取的雄心壮志,也有脚踏实地做事的原则。制造业行业属于传统的行业,它的发展相对而言比其他行业要缓慢,高管的年龄显得比较大。此外,我们从高管的年龄也可以看到一个有趣的事情:一般按照常人的思考,在这三个行业中,信息技术行业的高管年龄相对而言是最低的。因为在这个行业中,知识的更新换代速度是非常快的,年长的管理层很难跟上时代发展的步伐。可是信息技术行业高管的平均年龄却高于房地产行业。在这些样本中,高管年龄最高的是59岁,最低的高管年龄是37岁,高管团队成员年龄之间的差异系数还是很大的。

再次,我们看一下教育水平在这三个行业中的对比分析。在这三个行业中,高管的教育水平从高到低排序依次是信息技术行业、房地产行业和制造业。信息技术行业的平均值为3.55。按照我们上面对教

表 4-25 三个行业高管背景特征的描述性统计对比

行业 变量	平均净资产收益率			平均年龄			平均受教育水平			女性高管的比例		
	房地产	制造	信息	房地产	制造	信息	房地产	制造	信息	房地产	制造	信息
平均值	0.11	0.12	0.06	46	49	47	3.50	3.49	3.55	0.15	0.07	0.15
中位数	0.10	0.11	0.08	46	50	47	3.50	3.52	3.53	0.15	0.06	0.15
最大值	1.40	0.45	0.23	54	57	59	4.11	4.07	4.23	0.38	0.26	0.46
最小值	-0.40	-0.83	-0.63	37	39	40	2.73	2.13	2.81	0.00	0.00	0.00

注：本表是我们把样本公司 5 年的数据综合在一起算的最终结果。如平均净资产收益率指的是先把 30 家样本公司 5 年的数据组成的一个新数列，然后对组成的新数列进行总和，最后除以样本的个数。

育水平数值的描述，3.55 的数值大约相当于本科到研究生的学历。这从侧面说明了在信息技术行业，高管的教育水平是非常重要的衡量指标。这在一定程度上和我们前面所做的面板分析结果是一致的。同时，这也基本符合我们对这个问题的常规判断。平均受教育水平最小的值出现在制造业中，该公司高管的平均受教育水平为 2.13，按照我们前面的定义，该公司的管理层平均学历大约在大专到本科的水平；平均受教育水平最大的值出现在信息技术行业，其值为 4.23，该公司高管的平均学历在研究生水平以上，这是很优秀的一支高管团队。

最后，我们看一下在这三个行业中，女性高管的比例之间的差别。从表 4-25 中我们可以看到在房地产行业和信息技术行业中女性高管的比例相对比较稳定，在 0.15 左右，而在制造业企业中女性高管的比例平均值仅为 0.07。这与前面的两个行业差别很大。同时由我们的回归分析结果可以看到，在制造业企业中，变量女性高管的比例的系数是显著不为 0 的，并且其值为正数。在其他的两个行业中，女性高管的比例则不具有显著的影响。这从侧面说明了在制造业企业中，如果提高女性高管的比例，那么企业的绩效会更好。但这个比例也不是越大越好。我们从其他的两个行业中可以看到，如果该比例提高到 15%，那么它对公司业绩的影响就不显著。在这三个行业中，女性高管比例最低是 0，在这三个行业中都存在这种情况；女性高管比例最高的存在信息技术行业，其值为0.46，在该公司中，女性高管顶起了半边天。

以下我们对三个行业平均净资产收益率历年的变化情况进行分析比较。我们可以从表4-26中看到，随着时间的延续，房地产行业的平均净资产收益率有很明显的上升趋势；制造业企业的平均净资产收益率则呈现下降的趋势；而信息技术行业的平均净资产收益率基本保持稳定。由此我们可以看到这三个行业的未来发展潜力。从整体上来说，资本密集型企业的净资产收益率在未来会有一个很好的发展，它属于朝阳产业；劳动力密集型企业的市场已经饱和，在未来它缺少一个发展的空间，净资产收益率会继续下降；而技术密集型的企业在未来的发展潜力充满着无限的遐想。一般情况下，我们认为，技术密集型的行业发展前景一片光明。

接下来我们比较一下三个行业高管的平均年龄变化趋势。三个行业中高管的平均年龄变化的趋势基本相同，即随着时间的延续，高管的平均年龄有逐渐增大的趋势。高管团队有些老龄化迹象。当然表中的数据不能完全地反映真实的问题。因为高管团队成员每年都会有一定的新老更替，这种年龄增大的趋势并不会一直持续下去。但是，我们从三个行业近几年的发展态势来看，房地产行业高管团队的平均年龄最年轻，而制造业高管团队的平均年龄最大，两者之间相差3岁到4岁。

紧接着，我们看一下三个行业高管的平均受教育水平。三个行业中高管平均教育水平的趋势基本是一致的，也就是说，三个行业中高管的平均受教育的水平逐年提高。从表4-26中我们可以看到，在2005年各个行业的高管的平均教育水平约为3.4，到了2009年，各个行业高管的平均受教育水平已经在3.6左右。我们从表中也可以看到信息技术行业高管的教育水平相对于其他的行业比较高，这主要是由信息技术行业的特点所决定的。在历年的数据中，平均受教育水平最小的行业是制造业在2005年的数据，该行业的平均受教育水平仅为3.43。

表4-26　　　　三个行业高管背景特征的描述性统计对比

行业 年份	平均净资产收益率			平均年龄			平均受教育水平			女性高管的比例		
	房地产	制造	信息	房地产	制造	信息	房地产	制造	信息	房地产	制造	信息
2005	0.05	0.12	0.06	45	49	46	3.44	3.43	3.49	0.15	0.07	0.15
2006	0.09	0.11	0.04	46	49	46	3.47	3.50	3.55	0.15	0.07	0.15
2007	0.15	0.16	0.09	46	49	47	3.49	3.47	3.56	0.17	0.07	0.15
2008	0.13	0.11	0.05	47	50	47	3.49	3.50	3.59	0.15	0.08	0.15
2009	0.11	0.08	0.07	48	50	48	3.62	3.56	3.58	0.15	0.08	0.16

注：本表描述了各个变量在三个行业中每个年份的平均水平。如房地产行业2007年平均的净资产收益率为15%。我们从本表中可以发现各个变量随着时间的延续而发生的变化情况。

最后，我们来看一下女性高管的比例在历年中的变化趋势。这一变量的变化趋势相对其他变量有点特别。在房地产行业和信息技术行业中，女性高管的比例在往年达到了15%左右，而这一比例随着时间的变化趋势并不是很明显，基本趋于稳定。而在制造业行业中，我们可以看到这一比例有逐年上升的倾向，这种上升的倾向给企业带来了不错的经济效益。我们认为，随着越来越多的女性接受高等教育和女性受歧视的程度下降，各个行业中女性高管的比例会越来越高。这种趋势会给企业带来什么样的影响，我们不得而知。不过从数据的大小来比较，我们可以看到一些端倪。当女性高管的比例在7%左右时，该变量对公司的业绩有提升的作用；当女性高管的比例达到15%左右时，该变量对公司的业绩影响不明显。

上面我们对高管背景特征的同质性指标进行了描述性的对比分析。接下来，我们对高管背景特征的一些异质性指标及团队规模进行阐述分析。我们首先对这些异质性指标的均值、最大值、最小值和中位数进行描述。

由表4-27我们可以看到，高管年龄的异质性程度最高的是制造业，而在房地产行业和信息技术行业中，年龄的异质化程度不是很大。这说明制造行业的新老更替是比较大的，或者说制造行业高管的年龄分布比较分散；在其他的两个行业中，高管的年龄分布显得相对集中。在上面的回归结果中,我们发现年龄的异质化对制造业企业带来了很大的竞争优势,有利于企业业绩的提升。

表4-27　　　三个行业高管背景特征的描述性统计对比

行业 变量	平均年龄			学历的异质性			专业的异质性			高管团队规模		
	房地产	制造	信息	房地产	制造	信息	房地产	制造	信息	房地产	制造	信息
平均值	0.17	0.35	0.18	0.62	0.61	0.61	0.59	0.43	0.42	17.77	21.17	20.05
中位数	0.16	0.34	0.18	0.62	0.63	0.62	0.62	0.45	0.42	17.00	21.00	18.00
最大值	0.28	0.70	0.26	0.97	0.75	0.74	0.97	0.66	0.65	30.00	56.00	38.00
最小值	0.09	0.09	0.06	0.35	0.32	0.23	0.29	0.08	0.19	12.00	13.00	12.00

注:此表变量的含义与我们在表4-25中所选择变量的含义一致。

接下来,我们看一下三个行业中高管教育水平的异质化程度。我们可以看到三个行业中高管教育水平的异质化程度基本是差不多的,在0.6左右。这说明在这三个行业中,高管之间的教育程度差别是很大的。年龄较大的高管一般是第一批下海捞金的人,他们的学历较低,随着年轻人受到的教育越来越好,新引入的高管一般学历和能力都相对高很多,从现实的经济形势来看,这种差异化的存在是非常正常的。在这三个行业中,教育水平异质性程度最高的是房地产行业,教育水平异质性程度最低的是信息技术行业。相对而言,这三个行业中教育水平差别最小的是信息技术行业。因为该行业高管成员的受教育水平都非常高,所以他们的异质性相对较小。

专业的异质化程度在这三个行业中的差别也很大。其中房地产行业的专业异质化程度最高,其值为0.62,最低的是信息技术行业,其值为0.42。表4-27大体描述了三个行业高管的专业分布状况。通过表4-27的描述,我们也可以看到一个比较有趣的现象:信息技术行业高管专业异质性程度与制造业高管的专业异质性程度基本相同,可是由我们上面的回归结果可知,该变量在制造业中发挥了积极的作用,该变量在信息技术行业中对公司绩效的影响并不显著。平均专业异质性最小的值出现在制造业中,该变量在某个公司中的数值为0.08。

最后,我们看一下在三个行业中高管团队规模的大体情况。制造业的团队规模在三个行业中最大,房地产行业的团队规模最小。在所有的数据中,高管团队规模最小的是12,高管团队规模最多的出现在制造业企业,其值为56,这从侧面说明了制造业行业的效率相对较低,造成人浮于事。企业管理层存在很多不干实事的成员。我们把上面的面板回归结果结合我们的描述性统计的对比分析发现一个有意思的现象:房地产行业的团队规模对公司绩效的影响为正值,而制造行业的团队规模对公司绩效的影响为负值,信息技术行业高管团队的规模介于两者之间,该变量的影响则不显著。这说明了团队规模在一定范围内对公司绩效有显著的正影响;当超过某个数值时,这个影响就逐渐地消除,使团队规模对公司绩效的影响不明显;如果这个数值继续上升,那么该变量对公司绩效的影响最终变为负值。从上面的数据显示,这个临界值在20左右。

表4-28   三个行业高管背景特征的描述性统计对比

行业 年份	年龄异质性均值			学历异质性均值			专业异质性均值			团队规模均值		
	房地产	制造	信息	房地产	制造	信息	房地产	制造	信息	房地产	制造	信息
2005	0.17	0.17	0.19	0.62	0.61	0.63	0.61	0.44	0.40	17.47	20.63	19.73
2006	0.17	0.42	0.18	0.62	0.61	0.62	0.61	0.44	0.41	17.13	20.21	19.67
2007	0.17	0.41	0.18	0.61	0.61	0.61	0.62	0.42	0.41	17.40	20.90	19.73
2008	0.16	0.38	0.18	0.62	0.61	0.61	0.59	0.43	0.44	18.17	22.20	19.80
2009	0.16	0.37	0.17	0.63	0.61	0.61	0.51	0.43	0.45	18.67	21.90	21.30

表4-28显示了各个变量随着时间的变化趋势。从这些变化趋势,我们可以看出三个行业中的不同。首先我们看一下年龄的异质化水平在这三个行业中的变化趋势。我们从表4-28中可以看到,制造业企业高管年龄的异质性是最大的,呈现出趋于稳定的状态。年龄的异质化程度在0.4左右。在其他两行业中年龄的异质化程度随时间的变化情况也是比较稳定的。两个行业高管的年龄异质化程度在0.17

左右。这说明了在房地产行业和信息技术行业中,公司的高管内部要相对稳定一些,在制造业行业,高管团队成员内部年龄之间的差别比较大,那么新老更替的变动就会比较频繁,不利于企业战略执行的持续和稳定。

接下来分析一下教育水平的异质化程度在这三个行业中的不同。在这三个行业中,教育水平的异质化程度基本相同,维持在一个较高的比例,该值约为0.6。这表明在这三个行业的高管队伍中教育水平的差异化还是很大的,从时间趋势上来看,这种差异化水平存在一定的下降倾向。本书的面板回归分析显示,在目前我国的经济形势下,教育水平异质化没有发挥很好的作用。在当前的异质化程度下,教育水平的异质性对公司绩效没有显著的影响。

三个行业高管的专业异质化程度差别也比较大。在房地产行业中高管的专业异质性程度最大,大约维持在60%,然而在其他的两个行业中专业异质化的程度也在40%以上。随着时间的延长,房地产行业高管的专业异质化程度有下降的迹象;在信息技术行业中,高管的专业异质化程度随着时间有逐渐上升的趋势;在制造业中,高管的专业异质性水平在各个年份中基本保持在相对稳定的水平。结合我们前面的分析,我们可以看到,专业的异质性对制造业的影响是比较大的,而对于其他的两个行业影响不是很显著。

三个行业高管团队的规模在历年中是基本稳定的。在这三个行业中,制造业的高管团队规模是最大的,其次是信息技术行业,最后是房地产行业。不过从时间的延续来看,该变量还是有些上升的趋势。团队规模平均值最大的为22.2,该数值出现在2008年制造业行业中。团队规模平均值最小的为17.13,该数值出现在2006年房地产行业中。

二 三个行业的相关性检验结果与面板回归结果之间的对比分析

本章前面对斯皮尔曼的相关系数检验进行了一些简单分析。我们在做变量之间的相关系数检验时,把面板数据转化成了截面数据,因此在相关系数检验时,会存在一个误差,但是我们的各个变量在历年中保持在一个稳定的水平,因此,相关系数的结果对我们的分析还是有一定的借鉴意义。现在我们把各个变量与净资产收益率的相关系数和面板回归分析得到的结果做一个简单的对比。

在房地产行业中，相关系数检验显著的变量是高管的任期（time）、有政府工作经历的高管比例（gov）、高管的持股比例（mratio）和女性高管的比例（sex）；而在面板回归分析中，系数显著的变量有团队的规模（size）、高管的任期（time）、年龄的异质化水平（hage）、有政府工作经历的高管（gov）、高管的持股比例（gratio）和政府的持股比例（mratio）。通过上面的比较，我们可以发现在两个方法中，高管的任期、有政府工作经历的高管比例、高管的持股比例对公司绩效的影响是相同的，即它们与公司绩效之间存在相关关系，并且这种相关关系的方向是一致的。变量女性高管的比例、年龄的异质化水平和政府的持股比例是不一致的。正如我们前面所说的，相关系数检验在数据处理时使用的是比较粗略的处理方法，这种方法是不全面的，相对而言，两种方法的检验结果中，出现个别变量不一致的情形是可以理解的。但是我们在考虑实际的经济时，更应该侧重面板回归分析得到的结果。同时相关性检验的结果表明面板回归的结果是比较合理的。

在制造业中，相关系数检验中显著的变量分别是年龄的异质性（hage）、教育水平的异质性（hedu）和女性高管的比例（sex）；在我们的面板回归分析中，变量高管的任期（time）、年龄的异质性（hage）、专业的异质性（hmajor）、女性高管的比例（sex）、高管的持股比例（gratio）和政府的持股比例（mratio）是显著的变量。前面所列的两种方法都表明年龄的异质性和女性高管的比例是制造行业中的关键变量；当然我们不能否认面板回归分析中所得到的结果。根据我们前面的面板回归分析，其实该模型的拟合优度是比较高的，因此它对现实经济问题的解释能力比较强。因此，对于回归分析中显示的影响变量，我们在建立高管的引入机制时，也是要加以重点考虑的。

在信息技术行业中，本章对各个变量之间的相关系数检验结果为：高管团队的教育水平的异质性（hedu）、女性高管的比例（sex）、平均年龄（age）和高管的持股比例（mratio）与公司绩效之间存在显著的相关关系；而我们的面板回归结果则表明变量高管团队的教育水平（edu）、平均年龄（age）和高管的持股比例（mratio）、政府的持股比例（gratio）是显著的变量。两种方法的研究结果都表明变量平均年龄和女性高管的持股比例对公司绩效有影响，同时这两种方法显示高管的教育情况对公司业绩的影响也是至关重要的。上述两个方法在变量的显著性方面存在一定的差别，但这种差别不是很大。正如前面所说的，本章所用的相关系数检验本身存在缺陷，因此我们在考虑相关问题时，着力侧重面板回归分析所得到的结果。

三 三个行业高管背景特征的回归分析结果的对比分析

本章分别对房地产行业、制造业企业和信息技术企业做了面板数据分析。通过上面的分析，我们可以发现，在这三个不同的行业中，高管背景特征的各个变量对公司绩效的影响。我们把每个变量对公司绩效影响进行综合，具体的信息如表4-29所示。

表4-29　　　三个行业高管团队特征的面板回归结果对比

类型 变量	房地产企业 系数	显著性	制造企业 系数	显著性	信息技术企业 系数	显著性
团队的规模	0.00618	有	-0.001045	无	-0.002262	无
高管的平均任期	0.011009	有	-0.012313	有	-0.002443	无
平均教育水平	-0.008092	无	0.01287	无	0.062617	有
教育水平的异质性	-0.098909	无	-0.119211	无	-0.009697	无
平均年龄	0.001702	无	-0.000576	无	-0.003307	有
年龄水平的异质性	-0.652874	有	0.125777	有	0.239859	有
专业水平的异质性	0.006114	无	0.150445	有	-0.055648	有
高管的平均薪酬	-1.15E-11	无	1.45E-07	有	1.60E-07	有
有政府工作经历的比例	0.133743	有	0.197048	无	0.089031	无
女性高管的比例	-0.0577	无	0.239912	有	-0.058918	有
高管持股的比例	0.477438	有	0.320130	有	0.097878	有
政府的持股比例	0.119619	有	0.100168	有	0.071926	有
高管兼任的比例	-0.069494	无	0.036773	无	0.001067	无

由表4-29可以得到如下的信息：团队规模（size）对房地产企

业有显著性的影响，其值为0.00618。但是，团队规模这个变量对制造业企业和信息技术行业没有显著性的影响。通过上面的分析，可以得到如下结论，对房地产企业而言，当团队规模增加1%时，公司绩效增长0.006%。在这个行业中，团队规模大，可以充分发挥人多力量大的优势。当然，这种优势的发挥主要在于对人际关系的利用。因为房地产企业需要密切地配合政府的行动，团队规模越大，就能和政府保持更紧密的联系，因而得到更多的资源。相对的，在制造业企业和信息技术行业中，高管的人际关系显得没那么重要。同时这类企业在做战略决策时，团队的优势没有能够充分发挥出来，高管可能存在人浮于事的现象，团队的效率没有充分体现出来。因而，对于这两类企业而言，团队规模显得并不重要。

高管的平均任期（time）对房地产企业和制造业企业有显著的影响，而该变量对信息技术行业的影响并不明显。团队的平均任期对房地产企业有正向的影响，而对制造业企业则是负向的影响。这说明房地产企业的高管任期延长，有利于公司绩效的提升，这是因为人力资源和管理经验的积累。高管的任职时间比较长，那么他在该行业中所积累的资源就会相对较多，积累的经验就会很丰富，有利于企业业绩的提升；对于制造业企业而言，团队的平均任期延长，不利于企业绩效的提升，这是因为我国目前的经济形势复杂多变，高管团队任期的延长使公司战略的制定相对保守。制造业是一个相当成熟的行业，该行业的市场已经饱和，市场竞争异常惨烈，如果公司高管缺乏创新，那么企业的绩效肯定会下降。团队的任期则对信息技术行业没有影响。

平均教育水平（edu）对房地产企业和制造业企业没有显著的影响，然而，该变量对信息技术企业有显著的正向影响。这说明，对于我国目前的资本密集型企业和劳动密集型的企业而言，高管教育水平的提高，并不能提升企业的业绩，教育在这两类行业中的作用没有完全发挥出来。然而对于技术密集型的信息技术行业而言，高管的受教育水平显得异常重要。如果高管的受教育水平越高，那么他更容易树立在企业中的威信，更愿意引进新型的技术。科学技术是第一生产力，技术的引进和高管的远见卓识必然会带来公司业绩的提升。教育水平的异质性（hedu）对房地产企业、制造业企业和信息技术企业均没有显著的影响。数据回归之后出现这种结果有点难以解释。现实经济生活中教育水平的异质性对公司绩效的影响也很难定性地描述。我们只能认为教育水平的异质性目前对我国的三个行业的影响不显著。该变量的优势和劣势没有在我国的经济中得到揭示。不过在这三个行业中，该变量的系数均为负的，我们也能看出一些端倪。教育水平的异质性在表象上看来不利于公司绩效的提升。当然因为其系数不显著，这种分析只是表象的。专业水平的异质性（hcareer）与制造业企业的业绩之间是显著的正相关关系，而该变量对房地产企业和信息技术企业没有影响。专业水平的异质性主要的优势在于：当企业面临变动的环境时，高管团队可以考虑得更加全面，为制定合理科学的战略打下基础；专业水平的异质性可以提升高管团队成员相互之间的吸引力，从一定程度上加强团队的凝聚力。制造业企业处在激烈的竞争环境下，相对的该变量的影响会更加显著。而该变量对其他两个行业则没有较大的影响。

平均年龄（age）对房地产行业和制造业企业均没有影响，而对信息技术行业有显著的负影响。信息技术行业的技术更新快，如果高管团队的平均年龄较大，那么他的学习能力就会下降，知识老化的速度就快，很难赶上时代的潮流，因此它会对公司的绩效产生负向的影响。相对的，房地产行业和制造业企业对高管的年龄就没有那么多的严格要求。同时，我们也可以看到对于这两个行业平均年龄的增大，并没有给企业带来多大的效益。年龄水平的异质性（hage）对这三个行业的影响差别较大。该变量对房地产企业有显著的负影响，对制造业企业有显著的正影响，而对信息技术行业的影响则不明显。我们可以看到，年龄水平的异质性在房地产行业中不利于高管团队的凝聚，易于造成团队内部的冲突，从而给企业带来负的影响。我们认为，出现这种影响主要在于房地产行业属于朝阳产业，公司内部的稳定更有利于企业的发展。而年龄水平的异质性在制造业企业中有正的影响，其主要原因可能在于制造业企业面临着动荡的环境，高管团队年龄水平的异质性有利于企业制定更加合理的战略，有利于企业获得竞争优势。年龄水平的异质性对信息技术行业则没有显著的影响，因为在这个行业中，高管团队成员的年龄都相对较小，年龄水平的异质性很小。

有政府工作经历的高管（gov）对房地产企业的业绩有显著的正影响，其值约为 0.13。而该变量对制造业企业和信息技术企业的业绩影响并不明显。其实这种结果很符合中国当前的国情。我们都知道房地产企业发展的根本在土地资源，然而中国的土地资源属于国有。因此你如果想要得到更多的土地，建造更多的楼房，首要的任务是搞好与政府的关系。如果房地产公司高管中有政府工作经历，那么该高管就可以联系以前的"旧部"，为企业带来方便，为企业带来利益。然而在制造业企业和信息技术企业中，这个变量的影响显得不是很重要。关系资源对这两个行业并不是至关重要的。与该变量相对应的变量是国有股持股比例。上面的回归结果告诉我们，该变量对三类行业的绩效有显著的正相关影响。我国政府控股或者参股的企业平均业绩一般都高于其他企业。这主要是因为：第一，国家参股的企业一般都是效益比较好的企业，这些企业业绩往往优于其他的企业；第二，国家在制定政策时，对于国家参股企业有一定的政策偏向。国有控股的企业在政策层面可以得到更多的照顾，因此国有参股的比例越大，该企业的业绩就比其他的企业好很多。

最后，我们讨论女性高管的比例（sex）和高管兼任的比例（jianren）对公司绩效的影响。女性高管的比例对制造业企业有显著的正相关的影响，而对其他两个行业则基本没有影响。女性高管的魅力在制造业企业中得到了很好的利用。女性高管在团队中可以扮演很好的调节角色，能够保持管理层和下面之间的凝聚力。女性高管可以使团队内部更加具有向心力，从而提升企业的业绩。然而，这种女性的魅力在房地产企业和制造业企业中的优势没有凸显。这与我们现有的理论也是存在一定的冲突的。高管的兼任比例对这三类企业均没有显著的影响。这其中主要的原因可能在于：高管虽然身兼数职，但给他们的工作提供动力的源泉并不是头衔的增多。我们一般认为头衔的增多会带来心理的极大满足，进而为公司卖力工作，从而提升企业的业绩。但是，现实的检验与事实相差很大。我们发现高管职位的增多并不能给企业带来更好的业绩，也许高管工作的主要动力还是在于薪酬的多少。

四 高管引入机制的政策建议

我们上面分别对三个行业做了描述性统计、相关系数分析和面板数据分析，得到了高管背景特征和公司绩效之间的关系，这些并不是研究目的。本章主要的研究目的在于通过对影响公司绩效的各个特征进行分析，得到我们的政策建议。我们通过上面的分析，可以为各个行业的高管引入机制提供一些好的建议。因为高管的有些特征对公司绩效有显著的影响作用，而有些特征对公司绩效的影响并不显著；同时有些变量对公司绩效有正向的影响作用，而有些特征对公司绩效则有负向的作用。在引入企业的高管时，我们所需要做的就是不考虑对公司绩效没有影响的变量，同时加强对公司绩效有正向作用的特征，减小对公司绩效有负向作用的特征。本章通过上面的实证分析，对资本密集型行业、劳动密集型行业和技术密集型行业这三个行业，分别提出了高管引入机制的决策建议。具体政策建议如下：

（一）针对资本密集型行业高管引入机制的政策建议

（1）我们研究一下对房地产公司绩效有显著影响的变量。在上面的面板分析中我们发现高管背景特征中对公司绩效有显著作用的变量分别是高管的团队规模、平均任期、政府的工作经历比例。因此，我们在房地产行业高管团队建立时，首先要考虑团队的平均任期，也就是说，我们在公司的发展中要合理地保证高管团队的稳定性。就目前而言，高管团队的平均任期在两年左右。房地产行业要适当地延长高管的平均任期，对于想跳槽的高管要适当地挽留。团队的稳定性，既有利于公司战略的持续，也有利于高管对行业的经验积累，从而更有利于提升企业的业绩。同时，我们在选择高管时，要把是否有政府工作经历列入考虑范围。现如今有很多企业在招聘时，直接列明党员优先，这是不正确的。因为很多的实证都表明是否为党员对公司绩效的影响并不明显，而我们的实证分析显示，有政府工作经历的高管比例对公司绩效有显著的影响作用，因此我们在选择高管时，列入优先考虑条件的是其是否有政府工作经历。至于原因，笔者即使不说，大家也很明白。

同时我们在控制变量的检验中，发现团队的规模对公司绩效的影响也很显著。这表明我们在选择高管团队时，要适当加大团队的规模，发挥人多力量大的优势。当然此处的加大团队的规模也不是没有限制的，我们在引入一名高管时，要从成本和效益的角度去考虑，如果引进该名高管使企业得到的效益大于为该高管付出的成本，一个比较明智的做法就是引入该高管。

（2）上面的分析我们也可以看到年龄的异质性对公司绩效有负向的作用，而平均年龄对公司绩效的影响则不显著。这说明我们在高管引入机制上，要考虑团队的和谐。因为年龄不同的人在一起肯定会存在一定的"代沟"。因为每一代人所经历的环境，接受的教育是不同的，因此这种"代沟"是无法消除的，我们所需要做的就是减少由于"代沟"所带来的成本。因此，在引入新的高管时，我们需要考虑引入高管和现有高管之间的一致性，这种一致性是指在年龄上的相似性，减少由于团队内部的冲突而带来的企业效益的下降。

（3）本书发现，平均教育水平、教育水平的异质性、专业水平的异质性、女性高管的比例和高管兼任的比例对公司绩效没有显著的影响。综合起来讲，高管的教育状况对公司绩效的影响不明显，这是令人难以接受的。当然我们不排除房地产行业本身有其特殊性，但是，我们一直倡导科教兴国，教育可以改变人的命运，同样，高管的教育状况也可以改变企业的命运。我们在高管的引入机制上也要突出教育的重要作用。读史使人明智，读诗使人智慧，数学可以锻炼一个人的逻辑。当今社会竞争异常惨烈，各种突发事件层出不穷。今天的一个成功战略，也许因为竞争对手的改变而变得一无是处。因此我们在高管的引入时，还是要适当加大专业多元化，财务金融、法律营销、机械工程等背景的高管都要考虑。此外，对女性高管的比例问题也是值得分析的问题，我们需要做进一步的研究，为什么女性高管的比例对公司的绩效影响不明显？是因为女性高管的比例太高，还是因为女性高管的比例太低，其作用没有得到很好的体现？或者是因为女性从根本上不适宜于房地产行业？如果该因素对公司绩效有影响，那么这个比例大概在什么水平，或者哪个范围内呢？这些都是值得研究的问题。本章的研究范围有限，对于这个问题，笔者不能给出答案，希望其他的研究者继续努力。

（二）劳动密集型行业高管引入机制的政策建议

在实证分析部分，本章选择了中国的传统产业纺织服装业作为劳动密集型行业的典型代表。通过对纺织服装高管的背景特征和公司绩效之间的一些关系，本章有针对性地提出了纺织服装行业对高管引入机制的一些建议，同时我们认为制造业行业各个类型的公司之间有一定的共性。本章在此处提出的建议，同样适用于其他类型的制造业企业。

本章通过上面的面板数据分析显示年龄水平的异质性、专业水平的异质性、女性高管的比例对公司绩效有显著的影响，并且这些变量数值的增加有利于提高企业业绩。由此我们认为，在引入新的高管时，我们要把高管的专业背景列为一个重要的考核指标。一种比较理想的情形是新引入的高管的专业与现有所有高管的专业都不同。在引入高管时，要重点突出专业的异质性，这也是由制造业的行业特点所决定的。制造业本身处在一个很成熟的阶段，专业的异质性对其有很大的影响。同时我们在引入高管时，要把年龄问题列入进去。这里的年龄问题指的是年龄的异质性。在一个比较合理的高管团队中，其团队成员年龄的分布结构应该是比较均匀的。高管之间的年龄处在各个不同的年龄段。年龄的多样化，可以更好地为企业带来效益。此外，女性高管的比例也是一个重要的考虑因素。制造行业企业在引入高管时，应该坚持女性优先。女性比例的增大，会在一定程度上提升企业的业绩。当然这里的比例增大不是无限制的增大，是在一定的合理范围之内的。当然这个具体的范围是多少，本章也无法回答。本章只能给出在如今的水平上，引入女性高管，有利于改善企业的业绩。

接下来，分析一下对公司绩效有负作用的变量：平均任期。实证显示高管的平均任期长，不利于企业的发展。因此，在制造业企业的发展中，要不断地引入新的高管，从而为企业注入新生的力量，新鲜的血液，保持企业高管工作的激情。与此同时，制造业行业要加强高管内部的竞争意识，把能力差的高管，或者表现不好的高管适时地挤出高管团队。这在一定程度上降低高管成员的平均任期。同时，加强制造业高管的竞争意识也有利于激发高管的潜力，带领企业的员工，在市场中获得竞争优势。

最后，分析一下在高管引入机制中，需要进一步确认影响的高管背景特征。上面的实证分析表明，平均教育水平、教育水平的异质性、平均年龄和有政府工作经历的比例对公司绩效的影响不明显。笔者一直提倡和尊崇的就是"科学技术是第一生产力"。高管的平均学历及其异质性对公司绩效的影响不明显，是比较出乎意料的。总之一句话，在如今的这个社会，什么都可以没有，就是不能没有知识。一个高管只有接受了好的教育之后，才能为以后的成功打下坚实的基础。因此在引入高管时，我们还是要适当地加强对高管学历的要求。虽然学历越高，并不代表能力越高，但是我们应该对高管有一个最低学历的限制。上面的分析表明，高管平均年龄对公司绩效的影响也不明显，因此我们在考虑引进新的高管时，年龄的因素是可以适当忽略的，或者把它放在次重要的位置上。对高管的选拔总结为一句话就是：适当看学历，着重看能力；适当看年龄，着重看业绩。由于这个行业的特殊性，高管政府工作经历的比例对绩效没有影响。因此，我们在选拔高管时，就不需要进一步强调什么党员优先，或者有政府工作经历的人优先。如果公司因为业务的扩张，人手不够时，公司在兼顾业绩的同时，一般可以从以下两个方面进行选择：一是引入新的高管；二是由现有的高管对新的职务进行兼任。因为本书的研究表明，这两个变量对公司绩效的影响都不显著。我们采取这两种方法从绩效的角度都是没有差别的，当然如果从其他的角度去考虑，也许这个问题会是另外的结果。这不属于本书的研究范围。

（三）技术密集型行业高管引入机制的政策建议

通过前面的分析，我们发现变量平均学历对公司绩效有显著的正影响，因此我们认为，在引入高管时，高管的学历水平应该作为一个重要的衡量因素。信息技术行业属于高科技行业，如果一个高管的学历水平比较低，那么他就不可能明白行业内的很多消息。高管的管理才能是很重要的，但是同时我们也需要看重高管的学历水平。在引入高管时，我们不需要考虑高管学历的异质性问题。因为在我们的研究中，学历的异质性对绩效是没有显著影响的。因此，信息技术行业在引入高管时，学历越高越好。

在信息技术行业的高管引入机制中，要重点考虑年龄问题。平均年龄对公司绩效有负的影响，年龄的异质性则对绩效没有影响。一般来讲，年纪轻的高管比年老的高管更加有活力，更加能适应该行业激烈的竞争状况。信息技术行业由于自身的特殊性，相对而言，在高管引入时，年纪轻显得更有优势。

除此之外，我们也发现很多变量对公司绩效的影响并不显著。比如，团队的规模、高管的任期、有政府工作经历的比例、女性高管的比例和高管兼任的比例。关于这些高管的特征，我们不能给出具体的政策建议。每个公司都有自己的特殊性。公司在引入新的高管时，要结合自己的实际情况。又如，如果该公司没有一个女性，那么公司为什么不尝试性地引入一个女性高管呢？同样的，如果在现有的高管团队中，没有人在政府工作过，那么在其他条件相差不大的情况下，引入一个在政府工作过的高管，也是一个不错的选择。总之，具体问题要具体分析，所有的事情不能都一概而论。不过我们还是要重视实证分析的结果，不能忽略它自身存在的意义。

通过本章上述的分析，我们发现不同的行业有不同的特点。在引入公司的高管时，我们需要有全局的眼光，要考虑成本和效益之间的对比关系。此外，还需要注意的就是：有时候我们对经济理论的一般认识，也就是感性的认识是错误的，实际的情况也许并不是那样。我们可以借鉴其他行业的经验，但处理问题的基础还是要立足在本行业中。

第五章　高管团队激励机制对公司绩效的影响分析与影响模型

第一节　影响因素分析及变量选择

一　影响因素分析及自变量选择

（一）管理者薪酬（salary）

管理者的薪酬对公司绩效的影响存在两面性。如果高管的薪酬定得太高，管理者很可能会采取相对稳定的、连续的公司战略，安于现状，不思进取。在如今这个动荡的、充满变革的社会，这种态度很明显是不可取的。同时如果薪酬定得太高，那么它对管理者的激励作用就会下降。反之，如果高管的薪酬很低，那么就会影响管理者的积极性。高管投入了大量的精力，可是却没有回报，缺少对高管履行职责的激励。目前管理者的薪酬机制一般采用绩效制度，即每年给高管一部分相对固定的工资，然后其他的部分取决于公司的绩效。如果公司的业绩好，那么年终或季度末发的绩效工资就很高。如果公司业绩不好，那么高管也只能拿基本工资。很多公司为了维持团队的稳定性或留住有能力的高管，给他们一定的期权，即承诺高管在符合一定条件下，可以以优惠的条件分到公司的股权。这样就使管理者的目标和公司的目标是一致的，管理者就会愿意投入更多的精力和时间来管理公司，从而提高企业的绩效，使企业的价值达到最大化。一般来说，高管的报酬和奖励，尤其是像股票期权这种奖励方式，会给高管很大的激励。它会促使高管履行自己的职责，提高企业的价值。所以，本书认为高管的薪酬与企业绩效存在显著的正相关。

研究假设一：高管的薪酬与企业的绩效正相关。

（二）高管的持股比例（gratio）

我国上市公司的公司治理结构不完善，内部人控制的现象很严重，如果管理层控股比例过大，很容易造成管理层侵占公司的利益。虽然现在有些学者一直在批评股权激励制度，因为该制度造就了很多百万高管，但是对公司绩效没有起到预期的作用。但是管理者持股可以调和管理者和股东之间的利益冲突，促使管理者以企业的价值最大化为目标。管理者持股比例在一定范围内的增大，会提升管理者工作的积极性，使公司的目标与个人的目标保持一致，从而在一定程度上提升了企业的业绩。我国对高管实行股权激励的时间比较短，高管的持股比例很低，因而在目前的环境下，高管持股比例的增加有利于改善公司业绩。

研究假设二：高管的持股比例与公司绩效之间存在正相关关系。

（三）公司的绩效

绩效有层次之分，某一层次的绩效能对其他层次的绩效有影响。高管团队负责的是整个企业的经营决策，因此它在很大程度上影响组织绩效。在研究高管团队与公司绩效之间的关系时，不同的学者选择不同的指标来衡量团队绩效与组织绩效。在团队绩效方面，学者一般选择内聚力和决策效率来分析。内聚力表明团队成员之间的相互吸引的程度。如果团队的内聚力比较高，那么高管团队内部成员之间就会比较信任，容易建立深厚的感情，并且相互之间的交流会更加容易，从而团队给企业带来的效益会比较高。决策效率的大小一般可以通过组织绩效得到反映。我们一般从两个方面对它进行衡量：一是决策的速度，即当公司面对突发事件的应变能力以及做出决策花费的时间；二是决策的质量，即高管针对当前的情形，迅速做出决策，这个决策是否能达到预期的效果。上述的团队绩效比较难以用数据进行计量。

在企业的绩效衡量中一般存在两种方法：一是衡量企业的短期绩效；二是衡量企业的长期绩效。净资产收益率、资产回报率等能够很好地衡量短期经营绩效，而对长期的经营绩效的衡量，国外的学者一般采用托宾 Q 理论。该理论可以表示为：q = 企业的市场价值/企业的重置成本。当 q > 1 时，购买新生产的资本产品更有利，这样就会增加投资的需求；当 q < 1 时，购买现成的资本产品比新生产的资本产品更有利。该理论的主要优点是：该理论兼有理论性和实践上的可操作性，连接了虚拟经济和实体经济，在货币政策、企业价值等方面有着重要的应用。托宾 Q 理论常常被用来衡量公司的业绩表现以及公司的成长性，因为我国的资本市场发展不完善，股票的价格不能够充分反映公司的价值，最终的结果是不完善的。该理论在我国的应用有很大的局限性。因此，本书只选取了相关指标来衡量企业的短期绩效，而没有衡量企业的长期绩效。

学者在研究高层管理团队与团队绩效关系中一般采用组织经济绩效衡量效率，最常用的是净资产收益率、销售增长率、资产回报率。但净资产收益率是整个分析体系的核心比率，具有很好的可比性，可用于不同企业之间的比较。由于资本具有逐利性，总是流向投资报酬率高的行业和企业，因此各企业的净资产收益率会比较接近。如果一个企业的净资产收益率经常高于其他企业，就会引来竞争者，迫使该企业的净资产净利率回到平均水平。如果一个企业的净资产收益率经常低于其他企业，就得不到资金，会被市场驱逐，使幸存企业的净资产收益率提升到平均水平。总之，净资产收益率相对于其他指标更具有综合性。因此，本书选择净资产收益率作为我们的绩效指标。

众所周知，高管的薪酬体系会影响他们的工作积极性，从而影响企业的业绩，反过来亦如此，企业的业绩同样也会影响高管的薪酬水平。如果企业的经营良好，公司的业务发展比较迅速，那么公司将会获得较多的利润，在年终分红时，上市公司的高管也会拿到更多的红利或者奖金，因此我们对绩效和薪酬之间的反向关系进行研究也是非常必要的。一般来说：公司的业绩越好，那么高管的年终分红就会越高，因此高管的薪酬就会越高，同样地，如果公司设有股票期权之类的奖励措施的话，高管的持股比例也会上升。因此，我们有针对性地提出了下面两个假设：

研究假设三：公司绩效对高管的薪酬有正向的影响。

第五章 高管团队激励机制对公司绩效的影响分析与影响模型

研究假设四：公司绩效对高管的持股比例有正向的影响。

二 影响因素分析及控制变量的选择

（一）公司的总资产规模（asset）

企业的规模反映了企业的范围特征，一般来说，大的公司拥有较大的资源。相对小的公司，大公司会有足够的财力和物力去聘请高能力的人才，同时高能力的人才也会为企业带来更好的效益，本书选取上市公司历年的资产规模作为研究模型的控制变量。因为公司的资产规模都是几亿元、几十亿元甚至上百亿元，然而高管的薪酬等各个变量和控制变量差距太大，这样会对回归的结果产生不利的影响，因此我们在进行回归时，把资产规模进行对数化处理（Murphy，1985；孙燕萍、孙红，2008），这样更有利于回归分析。

（二）政府持股比例（gratio）

政府持股比例衡量的是国有股在公司股本中所占的比例。无论是政府控股的企业，还是政府参股的企业，它们都有许多的优势：管理运行的机制比较稳定。相对于其他的小企业而言，这种企业的政策不会朝令夕改，在管理上不是很随意，与银行有稳定的信贷关系。国内的主体银行虽然已经作了商业化改革，但国有性质未变。当对国有控股企业贷款时，如果发生坏账，银行也不会去追究责任人的责任，发生的损失最终会由政府"埋单"。总之相对而言，国有参股企业或控股企业有足够的资金和政策，使其具有大规模的发展空间。然而，事物都是具有两面性的，优势造就劣势。因为它们有足够的资金，所以没有危机感，缺乏竞争意识，缺乏生存的危机意识。

从中国目前的国情来看，中国是比较讲究关系的。中国是一个以权力为基础，以人际关系维系的社会。在这样的社会中，人情世故自然变成了比学识、能力更重要的"制胜因素"。人情世故本是一种正常的交际与生活方式，但是发展到现在却已成了一种病态的社会现象。现在中国最重要的两个因素就是面子和关系，这便是人情世故的根本。因此，国有持股比例越高，则公司能够得到更多的资源，那么公司的绩效就相对要好一些。

(三) 时间 (time)

随着时间的延长，高管的名义货币薪酬有上升的趋势，然而公司的经营绩效却没有随之上升，为了验证高管在不同年份的薪酬是否有系统性的差异，本书加入了时间变量。通过对时间变量系数显著性的验证来分析薪酬的年份差异，同时通过对各个行业的研究也可以发现不同行业之间是否有差别。为了方便研究，我们把 2005 年的时间设为 1，2006 年的时间设为 2，依此类推。

第二节　样本的选择及数据来源

一　样本的选择

很多已有的文献都对我国上市公司高管团队的绩效做了定量的计量分析。他们在选择样本时大部分是研究所有的上市公司，然后对样本进行了一些简单的筛选。考虑到我们所要研究的样本量较大，时间跨度较长，我们首先对样本做了一个简单的筛选和分类，其主要的依据如下：

（1）我们在衡量企业的规模时可以选择的变量有很多，比如员工总数、总资产数等。虽然我们不否定人多力量大的说法，但是我们选择企业的总资产数来衡量企业的规模。因为企业的规模越大，则企业拥有的资源就会越多，这会在一定程度上提高企业的业绩。此外，根据规模经济理论，规模越大的企业可以降低企业的生产成本，有利于新产品的研发和效率的提高，同时它还可以通过大量购入原材料，使单位购入成本下降，具有较强的竞争力。因此，我们选择企业的总资产数作为样本筛选的第一依据。

（2）现有的研究把所有的上市公司混合在一起进行研究，这么做是存在明显的缺陷的。因为不同的行业对高管的要求并不一样。因此，我们利用生产函数理论对上市公司进行了分类。我们把上市公司分为三类：劳动密集型、资本密集型和技术密集型。劳动密集型的典型代表是制造业，具体是纺织服装业；资本密集型的典型代表是房地产业；技术密集型的代表是信息技术行业。

（3）年份的选择。在样本进行选择的过程中，一般要选择大样本进行研究。小样本在研究时，误差容易偏大。同时在面板数据的研究中，选择的时间跨度要适度。因为时间太长，过去的特征对现在问题的解释能力会下降很多。本书综合考虑之后，选取了5年的数据。

（4）选择大公司做样本。很多文献一般研究中小板上市公司的高管特征对公司绩效的影响。我们认为小规模的公司稳定性会差一些，也许今年的利润翻倍，明年的利润也许会变成负的。考虑到这个原因，本书选择大规模的公司作为样本，即选择沪深上市公司做样本。

（5）数据的剔除。对于某些企业来说，高管团队的信息披露不足，信息少于5年的企业，我们要予以剔除。在样本的选择中，我们还剔除了ST股等。本书经过层层筛选之后，最终选择了在上市公司中，资产排名前30的企业作为研究的样本，同时时间的跨度选了5年，即从2005年到2009年。

二 数据的来源

本书的样本数据来源主要有以下几个途径：
- 中国经济数据库。
- 上海证券交易所和深圳证券交易所网站上的数据。
- 大智慧软件上的数据。
- 各个上市公司的官方网站。
- 国泰安研究服务中心的数据库。
- Wind资讯数据库。
- 其他信息渠道。

第三节 数据的处理方法与程序

在关于上市公司高管团队激励机制对公司绩效影响的文章中，变量的选择不尽相同。在此，本书根据预先设定的研究目的，选择一些权威文献中常用的变量作为我们的指标来进行分析。本书在研究中选择了下列变量，如表 5-1 所示。

表 5-1　　　　　　　　各个变量的名称及含义

变量	名称	含义
自变量和因变量	平均薪酬	高管团队的薪酬总额除以团队规模
	平均持股比例	高管团队的持股比例之和除以团队规模
	净资产收益率	净利润除以股东权益
控制变量	时间	2005 年设为 1，2006 年设为 2，依此类推
	资产规模	公司的资产规模的对数
	政府持股比例	政府所持股份占总股本的比重

第四节　模型的设计

一　多元线性回归模型

一个变量往往受到多个因素的影响，比如对某种商品的需求，需求函数告诉我们价格是需求的决定因素，这样就可以建立一个一元回归方程，用价格解释需求的变动。然而当经济增长，人们的收入上升，即使价格不发生变化，商品的需求也会上升，这说明，为了充分地反映对这种商品需求的变动，需要在需求函数中加入反映人们收入的变量。当回归模型中的解释变量个数超过 1 时，称为多元回归模型，含有 k 个解释变量的线性回归模型可以写为：

$$y_t = \beta_0 + \beta_1 x_{1t} + \beta_2 x_{2t} + \cdots + \beta_k x_{kt} + \mu_t \quad (t=1, 2, \cdots, T)$$

对于多元情形古典线性回归模型还要求解释变量之间不相关，即不存在多重共线性。如果存在某两个解释变量完全相关，即出现完全多重共线性，这时的参数是不可识别的，比如在上式中，若有 $x_{1t} = 2x_{2t}$，即这两个变量完全相关，此时可以通过代入这个关系并且合并这两项，使其仅包含一个变量 x_{2t}，系数是 $(2\beta_1 + \beta_2)$。显然，这两个系数的估计值是不唯一的，即模型无法估计。在现实中，完全共线的情形很好，但是近似完全共线的情形很多。习惯上可以把常数项 β_0 看作是样本观测值始终取1的虚拟变量的系数。多元模型的矩阵形式为：

$$Y = X\beta + \mu$$

式中，Y 是因变量观测值的 T 维列向量，X 是所有自变量的 T 个样本点观测值组成的 $T \times (k+1)$ 矩阵，β 是 $k+1$ 维系数向量，μ 是 T 维扰动项向量。μ 是 T 与一元回归模型相似，确定正规方程组之后，可以估计出回归系数向量 b 为：

$$b = (X'X)^{-1}X'Y$$

随机误差项的方差 σ^2 用残差平方和除以自由度来估计，即：

$$\hat{\sigma}^2 = \frac{\sum \hat{\mu}_t^2}{T-k-1}$$

残差序列自由度为 $(T-k-1)$ 的原因是：在利用最小二乘法估计时，为了使残差平方和最小，对残差序列施加了 $(k+1)$ 个限制条件。

二 多元线性回归模型的检验

对模型的统计检验包括的内容很多，经常用到的基本检验主要包括变量的显著性检验、拟合优度检验和方程的显著性检验等。

(一) 变量的显著性检验

为了检验变量的显著性，即某一个解释变量是否对因变量有显著影响，需要进行假设检验：$H_0: \beta_i = 0$，$H_1: \beta_i \neq 0$。如果原假设成立，表明解释变量对因变量 x_i 可能没有显著的影响。如果一个解释变量对因变量具有较强的经济意义上的解释能力，自然期望拒绝原假设而接受备择假设。我们由一元回归模型的知识可知：

$$\frac{b_i - \beta_i}{\sigma(b_i)} \sim N(0, 1)$$

式中，$\sigma(b_i) = \sqrt{\mathrm{var}(b_i)}$ 是 b_i 的标准差，同时我们可以利用置信区间法构造出参数真值的置信区间，然后根据这个区间是否包含原假设的参数值进行假设检验，也可以进行显著性检验。将原假设的数值代入之后得到：

$$t = \frac{b_i}{se(b_i)} \sim t(T-k-1)$$

这就是在分析回归结果时常说的 t 统计量,即系数的估计值与标准差的比值。它用来检验系数为零的原假设。如果计算出的 t 值落在拒绝域里面,则拒绝原假设;反之则接受原假设。

(二) 拟合优度检验

利用线性回归模型对 y 的变动进行解释的效果如何,即模型的估计值对实际值的拟合好坏,可以通过 R^2 统计量来衡量,它刻画了自变量所能解释的因变量的波动。定义:

$$TSS = \sum (y_t - \bar{y})^2$$
$$ESS = \sum (\hat{y}_t - \bar{y})^2$$
$$RSS = \sum (y_t - \hat{y})^2$$

由正规方程组确定的残差序列和解释变量序列不相关,可以得到这三者之间的关系:$TSS = ESS + RSS$,式中,TSS 为离差平方和,反映因变量变动的大小;ESS 为回归平方和,反映由模型解释变量计算出来的拟合值的波动;RSS 是残差平方和,是因变量总的波动中不能通过回归模型解释的部分。

显然,对于一个拟合很好的模型,离差平方和与回归平方和应该较为接近。因此,可以选择二者接近程度作为评价模型的拟合优度。定义:

$$R^2 = \frac{ESS}{TSS} = 1 - \frac{RSS}{TSS}$$

R^2 值较大表明模型对因变量拟合得较好,因变量的真实值距离拟合值更近。如果能够完全解释,也就是拟合值与实际值完全相等,其值将为 1。

(三) 方程显著性检验

现在考虑一个联合假设:$H_0: \beta_1 = \cdots = \beta_k = 0$,$H_1$:至少有一个不为 0,可以证明:

$$F = \frac{ESS/k}{RSS/(T-k-1)} \sim F(k, T-k-1)$$

直观而言，如果 y 被解释变量解释的部分比未被解释变量解释的部分大，随着这个比例增大，F 值也逐渐增大。因此，F 值越大，越有理由拒绝原假设。也就是说，要比较其与 F 分布临界值，如果超过临界值，则拒绝原假设。容易看出，F 统计量与 R^2 有如下的关系：

$$F = \frac{R^2/k}{(1-R^2)/(T-k-1)}$$

这表明 F 值与 R^2 同向变动，$R^2 = 0$ 时，F 也为 0，R^2 越大，F 也越大，$R^2 = 1$ 时，F 趋于无穷大。

第五节　本章小结

本章通过对高管团队的相关理论进行研究，分析高管团队激励机制对公司绩效影响的因素，根据影响因素做变量选择。列举数据的来源、处理方法和程序，最后介绍模型的方法。

第六章　基于影响模型的激励机制对企业绩效影响的实证研究

第一节　上市公司高管薪酬与企业绩效的实证研究

根据第五章的理论分析,本章选取了公司资产规模的对数和政府的持股比例作为控制变量,同时把时间加入到模型中,验证所研究的对象是否具有年份的系统性差距。本章首先研究房地产行业高管的平均薪酬对公司绩效的影响。

一　房地产行业高管薪酬与企业绩效的实证分析

我们首先利用房地产行业上市公司的数据建立多元线性回归模型,然后利用最小二乘法对模型进行估计,得到的回归结果如表6-1所示。

表6-1　房地产行业高管薪酬对企业绩效的回归结果

变量	系数	标准差	t值	p值
c	1.234547	0.552594	2.234095	0.027
lnasset	-0.056026	0.025809	-2.17081	0.0316
gratio	0.126635	0.085461	1.481782	0.1406
salary	7.27E-08	5.85E-08	1.244141	0.2155
time	0.033836	0.015523	2.179649	0.0309

注:$R^2 = 0.05$,$F = 2.03$。

由表 6-1 我们可以看到，高管平均薪酬的系数为正值，但是不显著。这不完全符合我们的研究假设。这说明在房地产行业，高管的薪酬增加，不会显著地改善企业业绩，高管的激励机制是不完善的，薪酬不能充分发挥它的激励作用，这也从侧面告诉我们房地产行业高管的薪酬体系是不合理的。正如我们所看到的，房地产行业造就了太多的百万富翁，但这种造就不是基于企业业绩的改善，而是基于对资本的垄断形成的，因此目前国家对房地产行业的调控是有道理的。

另一个比较有趣的变量就是公司的规模。由表 6-1 的回归结果我们可以看到，公司的资产规模与企业的绩效负相关。这说明公司的资产规模越大，企业的净资产收益率反而会比较小。公司的规模并不是越大越好。公司的规模越大，则公司的经营机制缺少灵活性，不能很好地适应市场的需求。同时在规模大的公司中，体制比较僵硬，各种官僚作风相对浓厚，公司高管在制定战略时，采用的策略会比较保守。因此，导致资产的规模与企业的绩效之间是显著的负相关。

除此之外，我们可以看到公司的绩效随着时间的变化情况，表 6-1 告诉我们在房地产行业公司绩效随着时间的延续有上升的趋势。当时间增加一个单位时，公司绩效大约上升 3.4%，并且该系数的 t 值是显著的。这说明随着时间的推进，房地产行业通过采用大型的机械，新型的建筑工艺，企业的效益得到了改善。

高管的薪酬水平会影响他们工作的积极性，从而影响企业的效益水平；反之，公司的业绩会影响企业高管的工资水平、年终奖金和分红等。基于此，本书利用多元线性回归方程，把企业绩效对高管薪酬的影响进行分析，具体的回归结果如表 6-2 所示。

表 6-2　　　　房地产行业公司绩效对高管薪酬的回归结果

变量	系数	标准差	t 值	p 值
c	-4833049	690147.7	-7.00292	0.0000
lnasset	230406.7	31959.69	7.20929	0.0000
gratio	-285493.3	120167.6	-2.375793	0.0188
roe	147224	118333.8	1.244141	0.2155
time	-19473.99	22389.96	-0.869764	0.3859

注：$R^2 = 0.33$，$F = 17.31$。

由表 6-2 的回归结果，我们可以看到在房地产行业影响高管薪酬的关键变量是公司的规模。公司的规模对高管薪酬有正向的影响。一般来说，公司的规模越大，那么它的资源就会比较丰富，相对于小公司而言，它有较多的财力和物力去雇用优秀的人才为企业服务。因此在较大规模公司任职的高管相对小公司的高管，拿到的薪酬会更多。

公司的净资产收益率对高管的薪酬有正向的影响，可是结果却不显著。这说明公司高管的薪酬相对稳定，绩效工资的比重比较低。虽然公司的效益提升可以增加高管的薪酬，但是，这种薪酬的增加是不显著的，特别是在房地产行业。

上面的结果还显示，高管的薪酬没有随着时间的推进，有显著的减少或增加。这说明在我们所研究的时间范围内，房地产行业的高管薪酬变化不是很大。此外，我们还可以看到，一个企业中国有股所占的比例越高，公司高管的薪酬越大。这主要是因为相对于民营企业，国有企业在员工的福利和待遇方面相对公平，能够体现"多劳多得"的社会主义特色。

二 信息技术行业高管薪酬与企业绩效的实证分析

上一节我们采用多元线性回归的方法对房地产行业高管的平均薪酬和企业绩效之间的相互关系进行了实证分析。接下来，我们采用同样的方法，对信息技术行业高管的薪酬和绩效之间的关系进行分析。首先，我们来研究一下高管的平均薪酬对企业绩效的影响。我们利用信息技术行业的数据进行回归之后的结果如表 6-3 所示。

表 6-3　　　　信息技术行高管薪酬对企业绩效的回归结果

变量	系数	标准差	t 值	p 值
c	-0.116378	0.177858	-0.65433	0.5139
lnasset	0.007289	0.008457	0.861905	0.3902
gratio	0.02141	0.038626	0.554288	0.5802
salary	1.16E-07	5.21E-08	2.231968	0.0272
time	0.003119	0.006651	0.468925	0.6398

注：$R^2 = 0.054$，$F = 2.06$。

由表 6-3 的回归结果我们可以看到，高管的薪酬对企业的净资产收益率有正向的影响。高管的薪酬越高，企业的业绩越好。这符合我们的原假设。高管的薪酬越高，保证了高管的工作热情，提高了他们对公司的认同感和归属感，从而提高企业的经营绩效。这也说明在信息技术行业，高管薪酬体系设计得比较合理，薪酬可以很好地发挥它的激励作用。

在信息技术行业中，资产规模对公司绩效有正向的影响，但是其系数不显著。信息技术行业在我国是一个新型的产业，它仍处于产业的起步期，其资产规模远远没有达到规模的最优化，因而随着公司规模的扩大，企业的生产成本会下降，企业的效率也会相应地得到提高，因此资产规模与绩效有正相关关系。

表 6-3 的回归结果还告诉我们两个现象：第一，时间的推移，对信息技术行业的净资产收益率有正向的影响，但这种影响是不显著的。虽然时代在进步，科技在发展，但是这并不能说明该行业公司的绩效会随着时间的延续得到很大的提高。信息技术行业的公司绩效同样是受很多的因素影响。公司的绩效提升和科技的进步是两个不同的问题。第二，在信息技术行业，政府的持股比例对公司绩效有正向的影响，但是不显著。这说明在信息技术行业，公司股权结构中政府参与度的提高，并不能显著地提升企业的绩效，这从侧面突出了信息技术行业的行业特点。

接下来我们分析一下在信息技术行业中公司的绩效对高管薪酬的影响作用，利用同样的方法回归，得到的具体结果如表 6-4 所示。

表 6-4　　信息技术行业公司绩效对高管薪酬的回归结果

变量	系数	标准差	t 值	p 值
c	-572690.4	276896.4	-2.068248	0.0404
lnasset	33592.93	13078	2.568659	0.0112
roe	289453.6	129685.4	2.231968	0.0272
gratio	-117154.7	60209.74	-1.945776	0.0536
time	7877.928	10480.1	0.751703	0.4535

注：$R^2 = 0.12$，$F = 4.81$。

在信息技术行业中，公司的绩效对高管的薪酬有正向的显著影响。当公司的净资产收益率提高1%的时候，公司高管的平均薪酬大约提高2895元。这说明在该行业中，高管的薪酬和企业的绩效之间存在相互的影响作用，并且它们之间是正向变动的关系。在信息技术行业，高管的薪酬体系设计得比较科学合理，能够很好地发挥高管的主观能动性。企业与高管之间存在良好的互动。

企业的资产规模越大，则企业高管的平均薪酬也会越大，这个很容易被读者理解。公司的规模越大，则企业的财力也会相对雄厚，公司高管的薪酬会高一点。然而在该行业中，政府的持股比例对公司高管的薪酬却有负向的影响。在信息技术行业中，政府的持股比例越大，公司高管的薪酬反而越低。这说明在信息技术行业中，政府参股的企业，奖励的机制是不完善的。信息技术行业是一个竞争性非常激烈的行业，政府的参股比例大会造成公司的管理比较官僚化，影响了企业的灵活性和竞争性以及企业的经济效益，同时，这在一定程度上会降低高管的薪酬。在该行业中，时间的变化对高管的薪酬有正向的影响，然而，这种影响是不显著的。上面的回归结果从侧面说明，在该行业中，高管的薪酬没有年份的系统性差异。

三 制造业高管薪酬与企业绩效的实证分析

研究完资本密集型行业和技术密集型行业之后，本书接着对劳动密集型行业的代表制造业企业进行研究。高管团队的平均薪酬对公司绩效影响的效果如表6-5所示。

表6-5　　　　　制造业高管薪酬对公司绩效的回归结果

变量	系数	标准差	t值	p值
c	0.991149	0.469579	2.110717	0.0365
lnasset	-0.041296	0.020732	-1.991884	0.0483
gratio	0.143907	0.071097	2.024098	0.0448
salary	$2.31E-07$	$6.88E-08$	3.353024	0.001
time	0.003089	0.011574	0.266896	0.7899

注：$R^2 = 0.086$，$F = 3.43$。

在该行业中，高管的平均薪酬水平对公司绩效有显著的影响。这说明，当高管的薪酬增加时，可以很好地激励其工作的热情，从而提高企业的经营绩效。该行业高管人员薪酬体系设计得比较合理和科学，可以发挥其激励作用，与我们的假设相符合。政府的持股比例对公司的绩效也有显著的正向影响，当国有股比例增加时，公司的绩效会有所提高。

时间的变化对公司绩效有正向的影响，但这种影响是不显著的。这表明科技的进步提高了企业的生产效率，降低了企业的成本，从而改善了企业的效益水平。政府的持股比例对公司绩效有显著的正的影响。政府的持股比例越高，在一定程度上会给企业带来很多隐性的资源，这种资源的优势，有利于企业在竞争中获得优势，从而提高了业绩水平。公司的规模与企业绩效之间是负相关关系。公司的规模越大，企业的效益相对会下降，这表明企业在发展过程中要保持一个合理的规模。

接下来，我们分析一下公司绩效对企业高管薪酬的影响作用。多元线性回归方程的回归结果如表6-6所示。

表6-6　　　　　　制造业公司绩效对高管薪酬的回归结果

变量	系数	标准差	t值	p值
c	-1153695	545739.4	-2.114004	0.0362
roe	311769.1	92981.47	3.353024	0.001
lnasset	68964.82	23742.24	2.904731	0.0043
gratio	-625130.8	65770.9	-9.504673	0.0000
time	-8540.872	13436.24	-0.635659	0.526

注：$R^2 = 0.44$，$F = 28.44$。

在制造业行业中，企业的股权收益率对公司绩效有正向的影响。当股权收益率增加1%时，高管的平均薪酬增加3118元，并且绩效对薪酬的影响非常显著。这说明在制造业行业，高管的激励措施能够很好地发挥它的作用。同时公司的资产规模越大，高管的平均薪酬也会越高，这与我们平常的理解是一致的，同时也从侧面给出了人们喜欢去大公司发展的部分原因：高薪。

上面的回归结果还显示，政府的持股比例对高管的薪酬有负的影响。政府的持股比例越高，高管的平均薪酬反而越低；此外，变量时间的回归系数为负值，并且该变量的 t 值不显著，说明时间与高管的薪酬之间是负相关关系，并且这种相关关系不显著。

第二节 上市公司高管持股比例与企业绩效的实证研究

一 房地产行业高管持股比例与企业绩效的实证分析

高管的激励机制一般包含两个方面：一是高管的薪酬（一般指现金薪酬）；二是给高管一定的股权，让高管持有公司的股票。上面我们分析了高管的薪酬与企业绩效之间的相互影响，接下来我们分析一下高管的持股比例与公司绩效之间的关系。

首先，我们来分析一下房地产行业高管的持股比例和公司绩效之间的关系。表 6-7 列示了房地产行业高管的持股比例对公司绩效的影响。

表 6-7　房地产行业高管的持股比例对公司绩效的回归结果

变量	系数	标准差	t 值	p 值
c	0.86323	0.481038	1.794515	0.0748
lnasset	-0.038313	0.022298	-1.718212	0.0879
gratio	0.11419	0.084424	1.352572	0.1783
time	0.030742	0.015651	1.964286	0.0514
mratio	0.44314	0.430531	1.029287	0.3051

注：$R^2 = 0.05$，$F = 2.02$。

在房地产行业中，高管的持股比例对公司绩效有正向的影响，但是这种影响不显著。这与我们上面对高管薪酬与企业绩效的分析是一致的。内部人持股对公司绩效没有影响,可以从两个方面解释:第一,在该行业中,高管的薪酬体系非常不合理。房地产行业有其自身的特点。在 2010 年度中,房地产行业高管集体加薪,增幅达到 77%,为各个行业之首。然而该行业的经营效率并没有显著的提高。第二,根据自然选择理论的说法:股权结构是内生的,与公司绩效不相关。从现实的经济情况来看,本书认为第一个原因是主要原因。

上市公司的资产规模与企业的经营绩效是显著的负向关系,这与前面对高管薪酬与公司绩效的研究保持了一致。上市公司的规模越大,它的业绩相对而言是低效率的,所以为了保持更好的业绩表现,公司应该控制资产规模的大力扩张。同时随着时间的推移,该行业公司的业绩有上升的趋势,并且政府的持股比例对公司绩效有正向的影响,但是这种影响不显著,说明政府的参股没有带来企业业绩的提升。

其次,我们研究一下房地产行业公司绩效的提高对高管薪酬的影响。本书利用多元线性回归方程,估计的结果如表 6-8 所示。

表 6-8　　房地产行业公司绩效对高管持股比例的回归结果

变量	系数	标准差	t 值	p 值
c	0.051394	0.094035	0.546541	0.5855
lnasset	-0.002454	0.004355	-0.563533	0.574
roe	0.016596	0.016123	1.029287	0.3051
gratio	-0.017966	0.016373	-1.0973	0.2744
time	0.004032	0.003051	1.321804	0.1883

注:$R^2 = 0.04$,$F = 1.92$。

表 6-8 显示,公司绩效的提升,可以提高高管的持股比例,但这种影响是不显著的。这说明在该行业公司的绩效与高管的持股比例相关度不大。实证的结果与我们的现实理解出现不一致。这是因为我国的股权激励机制不是很完善,正处在刚刚起步的阶段,并且各个行

业有其自身的特点，不能以偏概全。实证结果与假设之间的冲突是由我国的国情和各个行业的特点决定的。

在房地产行业公司的资产规模与企业高管的持股比例呈现负相关的影响。一般而言，房地产行业公司资产规模都比较大，企业的总股本也相对较大，假设高管持股数额在大公司和小公司中是一样的，那么相对而言，大公司的高管持股比例就会低，因而会显示出负向的关系。房地产行业的股权激励机制刚开始，并且各个企业之间的资产规模差距很大，因而导致这种结果显示负向的关系。

在该行业中，国有控股比例对高管的持股比例有负向的影响，但是不显著；同时时间对高管的持股比例有正向的影响，这说明随着时间的延续，股权激励措施变得越来越完善，公司对高管的薪酬体系设计得更加科学合理。

二 信息技术行业高管持股比例与企业绩效的实证分析

接下来，本书利用多元线性回归方程对信息技术行业的问题进行研究，具体的回归结果如表6–9所示。

表6–9　信息技术行业高管的持股比例对公司绩效的回归结果

变量	系数	标准差	t值	p值
c	-0.228172	0.174315	-1.308966	0.1926
lnasset	0.012915	0.008197	1.575556	0.1073
mratio	0.197066	0.074885	2.631566	0.0094
gratio	0.022728	0.038319	0.593126	0.554
time	0.004592	0.006593	0.696492	0.4873

注：$R^2 = 0.07$，$F = 2.56$。

高管的持股比例对公司绩效有正向的显著影响。当高管的持股比例增加10%，该行业的公司绩效增加1.97%。这与Jensen和Meckling（1976）提出的利益收敛假说相一致。他们认为，当高管的持股比例增加时，高管的利益和股东的利益就会趋于一致，因而管理者和股东之间的矛盾得以解决。内部人的持股可以提高企业的价值，增加企业的效益。

资产的规模对公司绩效有正向的影响,但是其显著性水平稍微超过了10%。信息技术行业是一个新兴的行业,公司的规模相对较小。公司规模越大,则其会有更多的金钱投入研发,以及开拓市场销售的渠道。公司的规模大有利于企业效益改善。在信息技术行业,政府的持股比例与公司绩效是正相关的关系,但是这种正相关不显著。时间对公司的净资产收益率变动也有正向的影响,同样的,这种影响是不显著的。

表6-10 信息技术行业公司的绩效对高管持股比例的回归结果

变量	系数	标准差	t 值	p 值
c	0.241346	0.190176	1.269069	0.2065
lnasset	-0.009458	0.008982	-1.052981	0.2941
roe	0.234392	0.089069	2.631566	0.0094
gratio	-0.076343	0.041353	-1.846147	0.0669
time	-0.003091	0.007198	-0.429467	0.6682

注:$R^2 = 0.08$,$F = 2.92$。

公司的绩效可以显著提高高管的持股比例,当公司的绩效增加10%时,高管的持股比例增加2.34%。我们由表6-10可知,高管的持股比例对公司绩效有显著的影响。这说明两个方程回归得到的结论是一致的。在该行业中,高管的薪酬体系设计得比较合理。

此外,回归结果显示国有股比例对高管的持股比例有负向的显著影响。这说明在国家参股的企业中,高管的持股比例相对较低,该类型的企业对高管的股权激励机制比较小。同时,在该行业中,资产规模对高管的持股比例也有负向的影响,但这种影响是不显著的。随着时间的推移,高管的持股比例有下降的趋势。出现这种结果可能的原因是,公司发行新股的速度比高管持股比例增加的速度要快得多,因而呈现一种不显著的负相关关系。

三 制造业高管持股比例与企业绩效的实证分析

最后,我们对制造业行业高管的持股比例与企业绩效之间的相互关系进行分析。首先研究高管的持股比例对公司绩效的影响，多元线性方程的回归结果如表 6-11 所示。

表 6-11　制造业高管的持股比例对公司绩效的回归结果

变量	系数	标准差	t 值	p 值
c	0.716806	0.451544	1.587456	0.1146
lnasset	-0.022257	0.019728	-1.128203	0.2611
gratio	-0.071315	0.057008	-1.250959	0.213
mratio	-4.795254	1.043312	-4.596183	0
time	-0.004433	0.011278	-0.393086	0.6948

注：$R^2 = 0.14$，$F = 5.94$。

由表 6-11 的回归结果，我们可以看到，高管的持股比例对公司绩效有负向的影响。我们一般认为，高管的持股比例越高，公司的绩效就会越高。这与我们一般的理解不大相符。出现这种情况与 Fama 和 Jensen（1983）提出的管理者固守职位论相符合。该理论认为内部股东和外部股东的利益往往存在严重的冲突，如果企业的内部管理人不受约束，那么企业的价值就会下降，企业的业绩与持股比例之间就会负相关。制造业行业由于其自身的特殊性，高管的持股比例与企业的绩效呈现负向的关系。

同时在该行业中，公司的资产规模与企业的绩效之间也是负相关关系，其系数不显著。这说明在制造业这种传统产业中，资产的规模越大，公司的业绩相对会差一些。制造业行业的市场已经趋于饱和，竞争的程度非常惨烈，大公司的高管在制定战略时，会显得比较保守，同时它们也不能很好地应对市场的变化，缺少必要的灵活性，因此企业的规模与绩效之间会存在负向的关系。

政府的持股比例对公司绩效有负向的影响，并且这种影响是不显著的，说明政府的官僚作风不利于企业绩效的提高。制造业行业的公司绩效随着时间的推移，有下降的趋势，但这种趋势不是显著的。这从侧面说明制造业的竞争激烈，市场基本趋于饱和，公司的平均净资产收益率达到了一个非常高的水平。

上面分析了高管的持股比例对绩效的影响。鉴于绩效和高管持股之间的相互关系,在此本书分析了绩效对高管持股的影响,回归方程的结果如表6-12所示。

表6-12　　　　制造业公司绩效对高管持股比例的回归结果

变量	系数	标准差	t值	p值
c	0.00731	0.033864	0.215854	0.8294
lnasset	0.000336	0.001473	0.228141	0.8199
gratio	-0.014798	0.004081	-3.625992	0.0004
roe	-0.026518	0.00577	-4.596183	0
time	-0.001144	0.000834	-1.371809	0.1722

注：$R^2 = 0.19$，$F = 8.60$。

制造业上市公司的净资产收益率与企业高管的持股比例呈现负相关关系。当该行业上市公司股权收益率增加10%时,高管的持股比例会下降,其值约为0.27%。这说明该行业上市公司对高管的股权激励机制不完善,不能很好地发挥股权的作用。该行业高管的股权激励方案有待于进一步研究。

上市公司的规模与高管的持股比例之间呈现不显著的正向影响。说明在该行业资产规模越大的企业,高管的持股比例相对会高一些。此外,在该行业中高管的持股比例与时间的变化呈现负向的相关关系,说明随着时间的推移,高管的持股比例相对而言有下降趋势。国有股比例对高管的持股比例则有显著的替代作用。国有股比例增加,在一定程度上会减少高管的持股比例,或者说,国有股比例的减少,会带来高管的持股比例增加。这与现在我国的国情基本趋于一致。现在我国一直采取让富于民的措施。在很多行业中,采取"国退民进"的方法,国有股在公司股本结构中所占的比例下降,同时,高管的股票激励机制增加,因而出现了负向的影响。

第三节　高管团队价值观对公司绩效的影响

美国心理学家马斯洛把人的需求分为五个层次：生理的需求、安全的需求、社会需求、尊重需求和自我实现的需求。其中，生理的需求是人类维持自身生存的最基本的需求，包括衣、食、住、行、饥等方面的需求，如果这方面的需求得不到满足，人类的生存就成了大问题。安全的需求指的是人类要求保障自身安全、摆脱失业和丧失财产威胁、避免职业病的侵袭等方面的需求。当这种需求得到满足之后，也就不会再成为激励因素。社会的需求包括两方面：一是友爱的需要，即人人都需要保持关系的融洽或保持友谊和忠诚；二是归属的需要，即人都有一种归属于一个群体的感情，希望成为群体中的一员。尊重的需求是指人人都希望自己有稳定的社会地位，要求个人的能力和成就得到社会的承认。尊重的需求可以使人对自己充满信心，对社会满腔热情，体验到自己活着的用处和价值。自我实现的需求是最高的需求，它指的是个人理想、抱负发挥到最大的程度，完成与自己的能力相称的一切事情的需要。这五种需求从低到高，按层次逐级递升。高管团队的成员作为社会的精英分子，他们的生理需求和安全需求早已经得到满足，这些已经不会带来激励的作用，因此，高管成员的高层次需求的满足也会带来改变企业绩效。如果高管的社会需求和尊重需求得到满足，则很容易带来团队的信任，从而进一步改善企业的业绩；反之，则会造成团队的冲突，损害了企业的业绩。高管自我价值的实现也与公司文化等息息相关。

沃顿商学院豪斯教授对20世纪70年代以后的领导学理论和试验进行了高度的综合，90年代初提出了"以价值为基础的领导学"理论。基于价值的领导理论强调尊重人的自我意识，通过把企业的利益和个人的利益挂钩来保护员工个人的利益，实现他们的自身价值。当组织的成员对领导者的愿景和组织认同时，便会产生很强的凝聚力，组织成员之间会更加合作，每个人都会有强烈的集体意识，自尊心也会自然提高。另外，也会激发员工心目中与实现使命相关的无意识动机，并且使组织成员开始按自己对集体及使命的贡献来判断自己的价值。这种支持会形成一种文化，这种文化以满足顾客需求、团队合作为特征，下属会以此作为自我价值的实现，他们会做出超过岗位责任所要求的努力，并能够为组织的利益而牺牲个人利益。组织内部的摩擦会显著减少，并导致高度的团队努力和有效性，使个人动机、组织文化、战略与愿景相一致。价值商数可以帮助执行官对企业贯彻价值领导力的情况进行评估，看清企业在市场中的位置，从而有针对性地采用相关原则，争取业绩的最大提高，促使企业不断进步。

一 高管团队价值观冲突的类型

高管团队因价值观而引起的冲突一般分为两种类型：企业的价值观与高管价值观的冲突；高管团队成员之间的价值观冲突。企业一方面是高管成员价值观实现的场所，另一方面也是企业价值实现的场所，如果高管的价值观和企业的价值观得到了统一，那么就会提高公司的效益；反之，当高管的价值观与企业的价值观存在难以弥补的差异时，高管成员往往会离职，进入到企业价值观和团队价值观比较一致的新单位。相对于普通人而言，作为精英分子的高管成员更侧重于将实现自我价值作为其追求的目标。如果现在的岗位给他的发展空间很小，无法充分发挥其才能，它往往会跳槽；同样，如果高管成员之间的价值观存在较大的冲突，他们也会损害企业的效益。

二 高管团队价值观冲突的危害

高管团队内部的冲突给企业带来的危害是巨大的。其表现在以下几个方面：

（一）人力资本成本的损失

如果高管团队成员之间存在价值观之间的冲突，那么这种冲突往往是无法化解的。最终的结局只有一个，那就是高管离职。高管的离职给企业带来的直接损失表现为投入的人力资本成本的浪费。如果从企业离职的高管是企业自身培养的，那么企业在培训过程中投入了大量的资金。如果该高管是通过猎头公司从别的公司挖墙脚过来的，他也会为此支付大量的费用，这些都是高管离职的沉没成本。

（二）核心技术等商业秘密的泄露风险

公司高管一般都掌握着企业的核心秘密，比如原企业的专利、配方等技术。如果高管把所掌握的技术带给竞争企业，那么对原企业而言，它的核心竞争力会受到损害，从而在竞争中处于下风。此外，高管的离职也会带来企业很多人际关系网和客户的流失，这也从侧面上给企业以沉重的打击。

（三）经营危机

高管之间存在冲突导致高管萌生去意。因为信息的不对称，在高管提交辞职报告之前，企业往往并不知晓高管团队的真实意向。一旦高管离职之后，那么企业往往难以及时采取补救的措施，从而导致企业在相当长的时间内，空缺的岗位难以找到合适的人选，这会导致企业因缺少人才而丧失发展的大好时机。

（四）决策失误

高管之间存在冲突，在一定程度上会导致高管之间的不和。当公司在战略决策时，高管会把自己的个人感情色彩加入其中，对与自己不和的高管存在成见，从而导致企业的战略决策可能会出现失误。同时，高管之间的不和，也会导致高管不能尽心尽力地为企业努力工作，高管会把精力放在企业的内耗上面，从而降低了企业的业绩。

三 针对冲突的解决方案

高管成员之间存在冲突时，公司领导者不能视而不见，放任不管。冲突升级必然会损害公司的效益，因而公司领导必须采用妥善的解决方案来化解高管之间的冲突，可采取的措施如下：

（一）与冲突的高管沟通

当高管团队成员之间存在冲突时，企业的领导应该及时和他们沟通，了解他们冲突的原因。如果因为琐事而起的冲突，则应该对他们动之以情，晓之以理，劝他们以大局为重，为公司的效益和自身的利益着想，从根本上化解他们之间的矛盾；如果是因为个人价值观之间的冲突，则应该劝他们相互包容、相互理解。如果高管去意已决，企业在这种情况下的挽留往往没有效果，因而企业应该办好离职之后的交接事宜。

(二) 注意人才的梯队培养

企业在平时要注意人才的储备，防止在高管离职之后，企业内部的经营无法进行，从而给企业带来毁灭性的打击。联想集团从戴尔公司挖走数名高管之后，戴尔的经营并没有受到很大的影响，这从侧面说明戴尔公司的人才储备是非常雄厚的。在这方面，中国的企业要借鉴戴尔的经验，加大人才的梯队培养力度，从而保证企业经营的稳定性与连续性。

(三) 提拔高管时，要运用价值观尺度

企业的价值观是整个企业所共同拥有的价值观，是所有员工信奉的一个理念。只有信奉企业价值观念的员工才会为公司更加努力地工作，如果员工的价值观与企业的价值观存在冲突，他就不会在公司待得长远，因而企业在选拔高管时，应把高管的价值观列入其考核的范围。公司提拔那些认同企业价值观的高管，以达到提升公司业绩的目的，同时又坚守公司的价值观，增强企业的凝聚力。这在一定程度上可以避免日后因价值观差异导致高管的离职。

(四) 构建企业的精神和共同价值观

企业一般会把最有价值的对象，作为企业的最高目标，一旦这种目标形成统一，则会形成企业员工的共同价值观，从而形成企业内部的强大凝聚力和整合力。企业的价值观还会影响高管的价值观，从而使高管融合到企业的价值观之中，为企业尽职地工作。企业精神则是员工认同并信守的理想目标，是企业特有的共同理念和行为规范，是企业的精神支柱。企业精神可以对员工起到鼓舞、熏陶和驱动的功效，使员工保持旺盛的斗志、进取的精神，实现企业的产品创新、技术创新，从而最大限度地提升企业的效益。

(五) 对企业内外做好解释

当企业内部因高管的价值观冲突，导致高管离职时，企业应该及时与在职的高管进行交流，告诉他们真实的情况，避免员工的主观臆断，同时也可以斩断流言蜚语产生的来源，避免公司内部员工的人心浮动。同时企业也应该与由该高管负责的供应商和客户进行沟通，取得他们的理解，从而保证公司的客户资源，使企业的效益不受大的损失。

第四节　本章小结

一　三个行业中两种激励机制的比较分析

公司为了奖励高管的努力工作，可以采用两种方式：第一种方式就是提高高管的货币薪酬水平；第二种方式就是给管理者一定的股权激励。但是哪种方式的激励效果会更显著呢？一种简单的方法就是比较这两种激励方式对公司绩效的影响程度大小。

我们首先分析在房地产行业中，这两种激励方式的影响效果，回归结果见表6-13。

表6-13　房地产行业货币薪酬激励与股权激励的效果对比

变量	系数	p值	变量	系数	p值
c	0.86323	0.0748	c	1.234547	0.027
lnasset	-0.038313	0.0879	lnasset	-0.056026	0.0316
gratio	0.11419	0.1783	gratio	0.126635	0.1406
time	0.030742	0.0514	time	0.033836	0.0309
martio	0.44314	0.3051	salary	7.27E-08	0.2155

通过表6-13我们可以看出，高管的持股比例对公司绩效有正向的影响，但这种影响是不显著的。当高管的持股比例增加10%时，企业的净资产收益率增加4.43%；高管的平均薪酬对公司绩效的影响也为正值，当高管的平均薪酬增加7.27E-08时，公司的净资产收益率增加10%。对公司而言，到底采用哪种激励方式取决于公司付出的成本和绩效的对比，即达到同样的净资产收益率水平时，在货币薪酬的成本与股权激励成本中小的那个，好一些。

资产规模对公司绩效的影响是负的，但这种影响是不显著的。这说明在公司的发展过程中存在一个最优的资产规模，企业目前处在规模不经济的阶段。时间的延续，对公司绩效都有显著的影响。

第六章 基于影响模型的激励机制对企业绩效影响的实证研究

接下来,我们分析一下信息技术行业货币薪酬激励和股权激励的影响效果。具体的数据如表6–14所示。

表6–14 信息技术行业货币薪酬激励和股权激励效果的对比

变量	系数	p值	变量	系数	p值
c	-0.228172	0.1926	c	-0.116378	0.5139
lnasset	0.012915	0.1073	lnasset	0.007289	0.3902
gratio	0.022728	0.4873	gratio	0.02141	0.5802
time	0.004592	0.554	time	0.003119	0.6398
martio	0.197066	0.0094	salary	1.16E-07	0.0272

对于信息技术行业而言,高管的货币薪酬激励和高管的股权激励对公司绩效都有显著的正向的影响。当高管的持股比例增加10%时,公司的净资产收益率增加1.97%;同样的,当公司的薪酬增加1.16E-07时,公司的净资产收益率增加1%。这说明在信息技术行业的上市公司中,高管的薪酬体系是比较完善的,可以很好地发挥它的激励作用。

表6–14还表明在这两种激励方式中,其他变量的影响作用是一致的。公司的规模对企业绩效有正向的影响,表明该行业公司还处于规模经济的阶段。时间和企业绩效之间也存在不显著的正相关关系。国有股所占的比例对公司绩效也有正向的影响。

最后,本书把制造业行业高管的两种激励方式进行对比分析。具体的结果如表6–15所示。

由表6–15中的数据,我们可以看到:高管的持股比例增加,会显著地降低公司的绩效。当持股比例增加1%时,公司的净资产收益率反而会下降4.79%。高管的薪酬对公司绩效有显著的正向影响,当高管的薪酬增加2.31E-07时,公司的净资产收益率增加1%。这说明在制造业行业中,公司如果想奖励高管,让其为公司努力工作,那么最好的方式是提高高管的货币薪酬。

表6-15　制造业行业货币薪酬激励和股权激励效果的对比表

变量	系数	p值	变量	系数	p值
c	0.716806	0.1146	c	0.991149	0.0365
lnasset	-0.022257	0.2611	lnasset	-0.041296	0.0483
gratio	-0.071315	0.213	gratio	0.143907	0.0448
time	-0.004433	0.6948	time	0.003089	0.7899
martio	-4.795254	0.0000	salary	2.31E-07	0.001

同时，回归结果还表明，该行业中公司的资产规模对公司绩效有显著的负影响。时间对公司绩效的方向相反，但是都不显著。此外，政府的持股比例对公司绩效的影响方向也是相反的，然而，它对公司绩效正向影响的效果是显著的。

二　同一种激励机制在不同行业的比较分析

我们首先来分析一下在不同的行业中，高管的薪酬水平对公司绩效的影响作用。表6-16列示了在三个行业中，各个变量影响的显著性水平及影响的方向。

表6-16　货币薪酬对三个行业上市公司绩效影响的对比

行业 变量	房地产行业		信息技术行业		制造业	
	系数	p值	系数	p值	系数	p值
c	1.234547	0.027	-0.116378	0.5139	0.991149	0.0365
lnasset	-0.056026	0.0316	0.007289	0.3902	-0.041296	0.0483
gratio	0.126635	0.1406	0.02141	0.5802	0.143907	0.0448
time	0.033836	0.0309	0.003119	0.6398	0.003089	0.7899
salary	7.27E-08	0.2155	1.16E-07	0.0272	2.31E-07	0.001

由表6-16可知，薪酬在这三个行业中对公司绩效的影响都为正向的，房地产行业中高管的薪酬水平影响是不显著的，在其他两个行业中，薪酬对绩效的影响都是显著的。这说明金钱的激励作用还是很明显的。除此之外，我们还可以看到薪酬对这三个行业的影响效果，

由表 6-16 可以看到，信息技术行业薪酬变量的系数为 1.16E-07，制造业行业薪酬的系数为 2.31E-07，而房地产行业高管薪酬的系数为 7.27E-08，这说明在这三个行业中，信息技术行业的激励效果是最显著的，其次是制造业行业，最后是房地产行业。

资产规模对房地产行业和制造业行业的绩效影响是负的，并且其系数是显著的；资产规模对信息技术行业有不显著的正影响。国有股比例对公司绩效的影响都为正值，然而这种影响只有在制造业行业中是不显著的。这三个行业随着时间的延续，公司的绩效都有上升的趋势，但这种趋势只有在房地产行业中是比较明显的。

接下来，本书把这三个行业中高管的持股比例对公司绩效的影响进行对比分析，从而阐述不同行业的不同特点，具体结果如表 6-17 所示。

表 6-17　　　　高管持股对三个行业上市公司绩效影响的对比

行业 变量	房地产行业		信息技术行业		制造业	
	系数	p 值	系数	p 值	系数	p 值
c	0.86323	0.0748	-0.228172	0.1926	0.716806	0.1146
lnasset	-0.038313	0.0879	0.012915	0.1073	-0.022257	0.2611
gratio	0.11419	0.1783	0.022728	0.4873	-0.071315	0.213
time	0.030742	0.0514	0.004592	0.554	-0.004433	0.6948
martio	0.44314	0.3051	0.197066	0.0094	-4.795254	0.0000

通过表 6-17 的结果对比，我们可以发现，这三个行业中，高管持股比例的变化对不同行业的影响状况。房地产行业高管持股对公司绩效的影响不显著，可以认为是不相关。这和学者所说的自然选择理论是一致的。每个公司的所有权结构是长期演进的自然结果，它受多种因素的影响，但不能说明管理者的所有权与公司的绩效是相关的；相反，它与公司绩效不相关。在信息技术行业中，高管的持股比例对公司绩效有正向的影响。这恰好符合我们的利益收敛假说，即高管的持股比例增加，可以缓解股东和高管之间的内部矛盾，使他们的利益

趋于一致，从而改善了企业的效益水平。制造业行业中高管的持股比例与公司绩效有负向的显著影响，这恰好与管理者固守职位论相一致。也就是说，如果企业受不受约束的高管管理时，公司的价值会下降，即高管的持股比例与公司绩效是负相关关系。高管持股比例的系数大小反映了三个行业中高管的激励效果如何。在这三个行业中信息技术行业高管持股比例的激励效果最显著，房地产行业次之，制造业行业股权的激励效果最差。

上面的回归结果也表明，在房地产行业和制造业行业中，公司的资产规模与企业的绩效是负相关关系，在新兴的信息技术行业中，公司的规模与企业则是正相关关系。时间对房地产行业和信息技术行业的影响为正，而对制造业行业的影响为负，同样的国有股比例对房地产行业和信息技术行业的影响为正，而对制造业行业的影响为负的。这充分说明在不同的行业中，各个变量的影响作用是不一致的，我们不能一概而论，以偏概全。

三　高管激励机制的政策建议

上市公司高管薪酬一直是年报披露期间投资者热议的话题。近八成上市公司高管薪酬总额出现上升，但不同行业高管薪酬差距也较大，同时四成公司业绩跑输高管薪酬。据 Wind 数据统计，房地产行业高管的薪酬排名第二，其高管年度报酬均值为 774.173 万元，高科技行业高管的平均薪酬排名也比较靠前，而纺织服装业高管薪酬最低，仅为 153.3 万元。房地产业高管 2010 年则集体享受加薪，该行业高管年度报酬均值从 436.3 万元增长至 774.2 万元，增幅高达 77%，为所有行业中高管薪酬涨幅最大的。而房地产业的暴利与高管高薪一直也是备受诟病的。针对目前的经济状况，结合实证分析的结果，本书对高管薪酬体系的设计给出了如下建议：

（1）当公司业绩提升时，应该给高管一定的奖励，但是究竟该选择何种奖励方式，这需要具体问题具体分析。不同的行业有自己的特点，公司要根据本行业的特点采取激励措施。正如本书上面分析的，增加高管的薪酬和增加高管的持股比例对公司绩效的影响是不一样的，例如，制造业行业，如果增加高管的持股比例，反而会降低企的业绩，这就说明在该行业中，给高管一定的股票期权或股票红利是不明智的，公司激励高管的最佳方法应该是给高管加薪。然而，如果公司的两种激励效果都是显著的，此时公司需要考虑的问题便是成本最小化。也就是说，达到同样的企业绩效水平，企业需要付出的成本大小。增加高管的货币薪酬和给高管一定的股权，这两种方式中的哪一种成本比较小。

（2）公司为了奖励高管的努力工作，还需要结合本行业和本公司的特点，也就是说，看一下企业的薪酬体系是否合理、是否有效。例如：在房地产行业中，公司提高高管的货币薪酬或者给高管配发一定的股票对公司绩效的影响都是不显著的。这就表明在房地产行业中，公司对高管的薪酬体系设计得不是很合理，薪酬的提高不能很好地发挥它的激励作用，不能提高公司的业绩水平。此时，公司需要考虑的问题便是检讨自己的薪酬体系设计科学与否，重新设计一个较好的薪酬方案。

（3）公司在对高管进行激励时，不能采取"大锅饭"的方法。这样会损失公司的内部公平。公司要对做出贡献的员工给予重点奖励，树立一种标杆，使公司高管团队的内部既有团队的合作，又有团队内部的竞争，从而使团队保持旺盛的活力。公司在薪酬的制定时，还要参考同行业的特点，制定一个相对有竞争性优势的体系，这样才能保持团队的内部稳定。因为一个相对较低的薪酬水平很难留住优秀的人才。高管的年薪一般包括：基本年薪、绩效年薪、效益奖金、长效激励薪酬和福利。一个合理的薪酬体系应该是把这几种奖励方式进行组合，但是组合的关键在于各个项目比例的确定。公司要结合行业和公司的特点，确定各个项目的比例。

（4）公司为了进一步改善企业的业绩水平，还需要考虑企业的规模。通过本书的实证分析可以看出，在某些行业中，资产的规模与企业的绩效负相关。这表明企业的规模处在一个规模不经济的时期，如果适当降低企业规模，则公司的绩效会有一定程度的改善。例如，在制造业行业中，资产规模对公司绩效有负向的影响。因而为了保证企业的灵活性、保持企业的竞争力，适当地降低企业规模也是可行的。

当然，如果企业处在一个规模经济的时候，降低企业的规模是不可取的。

总之，高管薪酬体系的设计应以效率为基础，兼顾公平，应以激励为目标，兼顾约束，从而把经济发展与社会责任结合在一起。如果在企业高管的薪酬设计和管理中过多地强调公平而忽视效率，过重地强调约束而损失效率，短期来看似乎降低了社会的"愤怒成本"，但长期来看却极大地提高了全社会的运作成本和交易成本，最终伤害到的还是社会公众的根本利益和公司的长期竞争力，犹如饮鸩止渴，得不偿失。

第七章 总结与展望

本书的主要思路是研究上市公司高管团队对企业绩效的影响，通过研究，给企业提出相应的政策建议。本书先对上市公司进行分类，通过研究背景特征与企业绩效的关系，给每个行业公司提出相应的高管引入机制的建议；然后通过研究薪酬机制与企业绩效的关系，提出关于高管薪酬机制的改进意见。

本书通过影响模型分析显示年龄水平的异质性、专业水平的异质性、女性高管的比例对公司绩效有显著的影响，并且这些变量数值的增加有利于提高企业业绩。由此我们认为，在引入新的高管时，要把高管的专业背景列为一个重要的考核指标。一种比较理想的情形是新引入的高管的专业与现有高管的专业都不同。在引入高管时，要重点突出专业水平的异质性，这也是由制造业的行业特点所决定的。制造业本身处在一个很成熟的阶段，专业水平的异质性对其有很大的影响。同时我们在引入高管时，要把年龄问题列入进去。这里的年龄问题指的是年龄水平的异质性。在一个比较合理的高管团队中，其团队成员年龄的分布结构应该是比较均匀的，高管之间的年龄处在各个不同的年龄段。年龄的多样化，可以更好地为企业带来效益。此外，女性高管的比例也是一个重要的考虑因素。制造行业企业在引入高管时，应该坚持女性优先。女性比例的增大，会在一定程度上提升企业的业绩。当然，这里的比例增大不是无限制的增大，是在一定的合理范围之内的。当然这个具体的范围是多少，本书也无法回答。本书只能给出在如今的水平上，引入女性高管，有利于改善企业的业绩。

接下来，分析了对公司绩效有负作用的变量：高管的平均任期。实证显示高管的平均任期长，不利于企业的发展。因此，在制造业企业的发展中，要不断地引入新的高管，从而为企业注入新生的力量、新鲜的血液，保持企业高管工作的激情。与此同时，制造业行业要加强高管内部的竞争意识，把能力差的高管，或者表现不好的高管适时地挤出高管团队，在一定程度上降低高管成员的平均任期。同时，加强制造业高管的竞争意识也有利于激发高管的潜力，带领企业的员工在市场中获得竞争优势。

不同的行业有自己的特点，公司要根据本行业的特点采取激励措施。正如本书上面分析的，增加高管的薪酬和增加高管的持股比例对公司绩效的影响是不一样的，例如，制造业行业，如果增加高管的持股比例，反而会降低企业的业绩。这就说明在该行业中，给高管一定的股票期权或股票红利是不明智的，公司激励高管的最佳方法应该是给高管加薪。然而，如果公司的两种激励效果都是显著的，此时公司需要考虑的问题便是成本最小化。也就是说，达到同样的企业绩效水平，企业需要付出的成本大小。增加高管的货币薪酬和给高管一定的股权，这两种方式中的哪种成本比较小。公司为了奖励高管的努力工作，还需要结合本行业和本公司的特点，也就是说，看一下企业的薪酬体系是否合理、是否有效。例如，在房地产行业中，公司提高高管的货币薪酬或者给高管配发一定的股票对公司绩效的影响都是不显著的。这就表明在房地产行业中，公司对高管的薪酬体系设计得不是很合理，薪酬的提高不能很好地发挥它的激励作用，不能提高公司的业绩水平。此时，公司需要考虑的问题便是检讨自己的薪酬体系设计科学与否，重新设计一个较好的薪酬方案。

参考文献

一 中文文献

［1］魏刚：《高级管理层激励与上市公司经营绩效》，《经济研究》2000年第3期。

［2］李增泉：《激励机制与企业绩效》，《会计研究》2000年第1期。

［3］宋增基、张宗益：《上市公司经营者报酬与公司绩效实证研究》，《重庆大学学报》2002年第11期。

［4］张俊瑞、赵进文、张建：《高级管理层激励与上市公司经营绩效相关性的实证分析》，《会计研究》2003年第9期。

［5］胡婉丽、汤书昆、肖向兵：《上市公司高管薪酬和企业业绩关系研究》，《运筹与管理》2004年第6期。

［6］郑允凉：《高管报酬与公司绩效相关性实证研究》，《财会研究》2008年第20期。

［7］李燕萍、孙红：《不同高管报酬方式对公司绩效的影响研究》，《经济管理》2008年第18期。

［8］唐清泉、朱瑞华、甄丽明：《我国高管人员报酬激励制度的有效性》，《当代经济管理》2008第2期。

［9］李育军：《高管人员薪酬激励对上市公司绩效影响的实证研究》，《科学之友》2009年第10期。

［10］张栓兴、黄延霞：《上市企业高管薪酬激励与企业绩效的实证分析》，《西安理工大学学报》2010年第4期。

［11］赵丽萍、董巧丽：《信息技术业高管报酬激励与公司绩效的研究》，《会计之友》2010年第1期。

［12］张忠华：《高管激励机制对财务绩效的影响研究》，《会计之友》

2010 第 7 期。

［13］李世新、涂琳：《中小企业板上市公司高管激励效果的实证研究》，《财会通讯》2010 第 8 期。

［14］周业安：《经理报酬与企业绩效关系的经济学分析》，《中国工业经济》2000 年第 5 期。

［15］李琦：《上市公司高级经理人薪酬影响因素分析》，《经济科学》2003 年第 6 期。

［16］林浚清、黄祖辉、孙永祥：《高管团队内薪酬差距、公司绩效和治理结构》，《经济研究》2003 年第 4 期。

［17］刘斌、刘星、李世新、何顺文：《CEO 薪酬与企业业绩互动效应的实证检验》，《会计研究》2003 年第 3 期。

［18］高雷、宋顺林：《高管报酬激励与企业绩效》，《财经科学》2007 年第 4 期。

［19］叶建芳、陈潇：《我国高管持股对企业价值的影响研究》，《财经问题研究》2008 年第 3 期。

［20］周建波、孙菊生：《经营者股权激励的治理效应研究》，《经济研究》2003 年第 5 期。

［21］曹凤岐：《上市公司高管人员股权激励研究》，《北京大学学报》2005 年第 6 期。

［22］魏立群、王智慧：《我国上市公司高管特征与企业绩效的实证研究》，《南开管理评论》2002 年第 4 期。

［23］朱治龙、王丽：《上市公司经营者个性特征与公司绩效的相关性实证研究》，《财经理论与实践》2004 年第 2 期。

［24］李春涛、孔笑微：《经理层整体教育水平与上市公司经营绩效的实证研究》，《南开经济研究》2005 年第 1 期。

［25］肖久灵：《企业高层管理团队的组成特征对团队效能影响的实证研究》，《财贸研究》2006 年第 2 期。

［26］陈伟民：《高管层团队人口特征与公司业绩关系的实证研究》，《南京邮电大学学报》（社会科学版）2007 年第 1 期。

［27］江岭：《高层管理团队特征对企业绩效的影响——基于我国上市

公司的实证分析》，《中原工学院学报》2008年第4期。

[28] 陈同扬、刘玲、曹国年：《中国企业高管团队关系一致性对企业绩效的影响研究：以上市公司为例》，《现代管理科学》2010年第7期。

[29] 王道平、陈佳：《高管团队异质性对企业绩效的影响研究》，《现代财经》2004年第11期。

[30] 张平：《高层管理团队异质性与企业绩效关系研究》，《管理评论》2006年第5期。

[31] 陈立梅：《高层管理团队（TMT）的异质性、冲突管理与企业绩效》，《现代管理科学》2007年第7期。

[32] 顾仰洁、田新民、李宁：《团队氛围影响下信息异质性与团队士气关系研究》，《上海管理科学》2008年第2期。

[33] 贾丹：《论不同行业背景下高管团队异质性对企业绩效的影响》，《商业时代》2008年第18期。

[34] 谢凤华、姚先国、古家军：《高层管理团队异质性与企业技术创新绩效关系的实证研究》，《科研管理》2008年第6期。

[35] 陈忠卫、常极：《高管团队异质性、集体创新能力与公司绩效关系的实证研究》，《软科学》2009年第9期。

[36] 魏刚：《高级管理层激励与上市公司经营绩效》，《经济研究》2000年第3期。

[37] 张俊瑞、赵进文、张建：《高级管理层激励与上市公司经营绩效相关性的实证分析》，《会计研究》2003年第9期。

[38] 黄晓飞、井润田：《我国上市公司的实证研究股权结构和高层梯队与公司绩效的关系》，《管理学报》2006年第5期。

[39] 张瑞稳、马辉、邱少辉：《管理层特征与公司绩效关系的统计分析》，《世界标准化与质量管理》2007年第8期。

[40] 徐向艺、王俊韡、巩震：《高管人员报酬激励与公司治理绩效研究——一项基于深、沪A股上市公司的实证分析》，《中国工业经济》2007年第2期。

[41] 刘宇、邵剑兵：《中国中小型上市公司高管特征与企业绩效相

关关系研究——基于中国 139 家中小上市公司的实证研究》，《管理观察》2008 年第 10 期。

[42] 吴斌、刘灿辉、黄明锋：《我国房地产类上市公司高管薪酬与企业绩效关系研究》，《现代管理科学》2009 年第 12 期。

[43] 欧阳慧、曾德明、张运生：《国际化竞争环境中 TMT 的异质性对公司绩效的影响》，《数量经济技术经济研究》2003 年第 12 期。

[44] 宋渊洋、唐跃军、左晶晶：《CEO 特征与国际化战略——来自中国制造业上市公司的证据》，《中大管理研究》2009 年第 3 期。

[45] 纪春礼、李振东：《征对企业国际化绩效的影响：基于中国国有控股制造业上市公司数据的实证检验》，《经济经纬》2010 年第 3 期。

[46] 王颖：《企业经营者人力资本构成与企业绩效的关系》，《统计与决策》2004 年第 12 期。

[47] 陈璇、李仕明、祝小宁：《团队异质性与高层更换，我国上市 IT 公司的实证研究》，《管理评论》2005 年第 8 期。

[48] 孙海法、姚振华、严茂胜：《高管团队人口统计特征对纺织和信息技术公司经营绩效的影响》，《南开管理评论》2006 第 6 期。

[49] 张慧、安同良：《中国上市公司董事会学历分布与公司绩效的实证分析》，《南京社会科学》2006 年第 1 期。

[50] 贺远琼、杨文、陈昀：《基于 Meta 分析的高管团队特征与企业绩效关系研究》，《软科学》2009 年第 1 期。

[51] 余国新、程静、张建红：《中小板高新技术行业上市公司高管背景特征与经营绩效关系的研究》，《科技管理研究》2010 年第 1 期。

[52] 高静美、郭劲光：《高层管理团队（TMT）的人口特征学方法与社会认知方法的比较研究》，《国外社会科学》2006 年第 6 期。

[53] 陈晓红、张泽京、曾江洪：《中国中小上市公司高管素质与公司成长性的实证研究》，《管理现代化》2006年第3期。

[54] 黄昕、李常洪、薛艳梅：《高管团队知识结构特征与企业成长性关系——基于中小企业板块上市公司的实证研究》，《经济问题》2010年第2期。

[55] 徐经长、王胜海：《核心高管特征与公司成长性关系研究——基于中国沪深两市上市公司数据的经验研究》，《经济理论与经济管理》2010年第6期。

[56] 古家军、胡蓓：《企业TMT特征异质性对战略决策的影响》，《管理工程学报》2008年第3期。

[57] 贺远琼、杨文：《高管团队特征与企业多元化战略关系的Meta分析》，《管理学报》2010年第1期。

[58] 姚振华、孙海法：《高管团队组成特征与行为整合关系研究》，《南开管理评论》2010年第1期。

[59] 陈伟民：《高管团队人口特征、社会资本和企业绩效》，《郑州航空工业管理学院学报》2007年第2期。

[60] 刘保平、陈建华：《高管社会资本：高管团队人口特征绩效研究新进展》，《企业活力》2007年第7期。

[61] 赵睿：《高管薪酬和团队特征对企业绩效的影响机制研究》，《中国社会科学院研究生院学报》2010年第6期。

[62] 耿明斋：《高管薪酬与公司业绩关系的实证分析与对策思考》，《经济体制改革》2004年第1期。

[63] 魏颖辉、陈树文：《高管薪酬、股权、控制权组合激励与绩效》，《统计与决策》2008年第20期。

[64] 梁丽：《基于公平偏好视角的上市公司高管薪酬激励分析》，《经济研究导刊》2010年第31期。

[65] 宋增基、阳小龙：《经营者激励两种方式的比较及在我国的应用》，《技术经济与管理研究》2002年第2期。

[66] 王培欣、夏佐波：《上市公司高管人员薪酬与经营绩效的实证分析》，《哈尔滨工业大学学报》2009年第3期。

[67] 吴建华、刘睿智:《上市公司高管薪酬激励与盈余管理实证分析》,《财会通讯》2010年第8期。

[68] 董云巍、潘辰雨:《现代西方股权激励理论及其在我国的应用》,《国际金融研究》2001年第4期。

[69] 陈素琴、陈爱成、周俊兰:《中小企业绩效评价中存在的问题及对策研究》,《财会通讯》2010年第24期。

[70] 赵延昇、黄莹:《中国上市公司经营者薪酬影响因素的实证研究》,《北京科技大学学报》2008年第3期。

[71] 王前锋、田洁洁:《高管人员薪酬与绩效关系的行业性差异分析》,《南京工业大学学报》2009年第1期。

[72] 吴淑琨:《股权结构与公司绩效的U型关系研究》,《中国工业经济》2002年第1期。

二 英文文献

[1] Lewellen Wilbur. G. and B. Huntsman, "Managerial Pay and Porporate Performance", *American Economical Review*, June 1970, 60 (4).

[2] Masson Robert Tempest, "Executive Motivation, Earnings, and Consequent Equity Performance", *Journal of Political Economy*, Vol. 11, July 1981.

[3] Mehran Hamid, "Executive Compensation Structure, Ownership, and Firm Performance", *Journal of Financial Economics*, 1995, 38.

[4] Giorgio Brunello, Clara Graziano and Bruno Parig, "Executive Compensation and Firm Performance in Italy", *International Journal of Industrial Organization*, January 2001.

[5] Hall. Brian. J and Jeffrey. B. Liebman, "Are CEOs Really Paid Like Bureaucrats?" *Quarterly Journal of Economics*, 1998, 34.

[6] Mark. C. Anderson, Rajiv. D., "Banker and Sury Ravindran, Interrelations Between Components of Executives' Compensation and Market and Accounting Based Performance Measures", *University of Texas Working Paper*. 1999, 4.

[7] Murphy K., "Corporate Performance and Managerial Renumeration: An Empirical Analysis", *Journal of Accounting and Economics*, 1985, 7.

[8] Coughlan A., R. Schmidt, "Managerial Compensation, Management Turnover and Firm Performance: An Empirical Investigation", *Journal of Accounting and Economics*, 1985, 7.

[9] Main, B. G. M., C. A. O. Reilly and G. S. Crystal, "Over Here and Over There: A Comparison of Top Executive Pay in UK and USA", *International Contributions to Labour Studies*, 1994, 4.

[10] Michael Firth, Peter M. Y. Fung, Oliver M. Rui, "Corporate Performance and CEO Compensation", *Journal of Corporate Finance*, 2005, 13.

[11] Morck. R., Shlefier, A. and Vishney, "Management Ownership and Market Valuation: An Empirical Analysis", *Journal of Financial Economics*, 1988, 20.

[12] Jensen M. C., Murphy K. J., "Performance Pay and Top – management Incentives", *Harvard Business Review*, 1990, 3.

[13] McConnell and Servaes, Additional Evidence on Equity Ownership and Corporate Value, *Journal of Financial Economics*, 1990, 27.

[14] Bryan S., Hwang L. and Lilien S., "CEO Stock – based Compensation: An Empirical Analysis of Incentive – Intensity Relative Mix and Economics Determinants", *The Journal of Business*, 2000, 73 (4).

[15] Hambrick D. C., Mason P. A., "Upper Echelons: Organization as A Reflection of Its Managers", *Academy Management Review*, 1984, 9 (2).

[16] Pfeffer J., "Organizational Demography", *Research in Organizational Behavior*, 1983, 5 (2).

[17] Wiersema M. F., Bird A., "Organizational Demography in Japanese Firms: Group Heterogeneity Individual Dissimilarity, and Top

Management Team Turnover", *Academy of Management Journal*, 1993, 36 (5).

[18] Carpenter M. A., Geletkanycz M. A., Sanders W. G., "Upper Echelons Research Revisited: Antecedents, Elements, and Consequences of Top Management Team Composition", *Journal of Management*, 2004, 30 (6).

[19] Jensen M., Zajac E., "Corporate Elites and Corporate Strategy: How Demographic Preferences and Structural Differences Shape the Scope of the Firm", *Strategic Management Journal*, 2004, 25 (6).

[20] Bantel K. A., Jackson S. E., "Top Management and Innovations in Banking: Does the Composition of the Top Team Make a Difference", *Strategic Management Journal*, 1989, 10 (1).

[21] O'Reilly C. A., III, Caldwell D. F., Barnett W. P., "Work Group Demography, Social Integration, and Turnover", *Administrative Science Quarterly*, 1989 (34).

[22] Wiersema W F, Bantel K A, Top Management Team Demography and Corporate Strategic Change, *The Academy of Management Journal*, 1992, 35 (1).

[23] Sambharya R. B., "Foreign Experience of Top Management Teams and International Diversification Strategies of US Multinational Companies", *Strategic Management Journal*, 1996, 17 (9).

[24] Tihanyi L., Ellstrand A. E., Daily C. M., Dalton D. R., "Composition of the Top Management Team and Firm International Diversification", *Journal of Management*, 2000, 26 (6).

[25] Shipilov A., Danis W., "TMG Social Capital, Strategic Choice and Firm Performance", *European Management Journal*, 2006, 24 (1).

[26] Greening D., Johnson R., "Managing Industrial and Organization Crises", *Business and Society*, 1997, 36 (4).

[27] Martha L. M., Joseph J. D., "Global Leaders are Team Players:

Developing Global Leaders Through Membership on Global Teams", *Human Resource Management*, 2000, 39.

[28] Boone C., Van O. W., Van W. A., "The Genesis of Top Management Team Diversity: Selective Turnover Among Top Management Teams in Dutch Newspaper Publishing, 1970 – 1994", *Academy of Management Journal*, 2004, 47 (5).

[29] Knight D., Pearce G., Smith K. G., "Top Management Team Diversity Group Process and Strategic Consensus", *Strategic Management Journal*, 1999, 20 (5).

[30] Ferrier W. J., "Navigating The Competitive Landscape: The Drivers and Consequences of Competitive Aggressiveness", *Academy of Management Journal*, 2001, 44 (4).

[31] Keck S. L., "Top Management Team Structure: Differential Effects by Environment Context", *Organization Science*, 1997, 8 (2).

[32] Simons T, Pelled L. H., Smith K. A., "Making Use of Difference: Diversity, Debate, and Decision Comprehensiveness in Top Management Teams", *Academy of Management Journal*, 1999, 42 (6).

[33] Auden W. C., Shackman J. D., Onken M. H., "Top Management Team, International Risk Management Factor and Firm Performance", *Team Performance Management*, 2006, 12.

[34] Zimmerman M. A., "The Influence of Top Management Team Heterogeneity on the Capital Raised through an Initial Public Offering", *Entrepreneurship Theory and Practice*, 2008, 32 (3).

[35] Carpenter M. A., Fredrickson J. W., "Top Management Teams, Global Strategic Posture, and the Moderating Role of Uncertainty", *Academy of Management Journal*, 2001, 44 (3).

[36] Carpenter M. A., Sanders W. G., "Top Management Team Compensation: The Missing Link Between CEO Pay and Firm Performance", *Strategic Management Journal*, 2002, (23).

[37] Hambriek D. C., Cho T. S., Chen MingJer, "The Influence of Top Management Team Heterogeneity on Firm's Competitive Moves", *Administrative Science Quarterly*, 1996. 41 (4).

[38] Kor Y. T., "Experience-based Top Management Team Competence and Sustained Growth", *Organization Science*, 2003, 14 (6).

[39] Geletkanycz M. A., "The Salience of Culture's Consequences: The Effects of Cultural Values on Top Executive Commitment to the Status Quo", *Strategic Management Journal*, 1997, 18 (8).

[40] Krishnan H. A., Park D., "A Few Good Women—on Top Management Teams", *Journal of Business Research*, 2005, 58 (12).

[41] Hernan Ortiz-Molina, "Executive Compensation and Capital Structure: The Effects of Convertible Debt and Straight Debt on CEO Pay", *Journal of Accounting and Economics*. 2007, 43.

[42] Brian Cadman Mary Ellen Carter, Stephen Hillegist, "The Incentives of Compensation Consutants and CEO Pay", *Journal of Accounting and Economics*, 2010, 49.

[43] J. Michael Geringer, Colette A., Frayne, David Olsen, "Rewarding Growth or Profit? Top Management Team Compensation and Governance in Japanese MNEs", *Journal of International Management*, 1998, 4.

[44] Steven Balsam, Guy D. Fernando, Arindam Tripathy, "The Impact of Firm Strategy on Performance Measures Used in Executive Compensation", *Journal of Business Research*, 2011, 64.

[45] Qiao Liu, Zhou Lu, "Corporate Governance and Earnings Management in the Chinese Listed Companies: A Tunneling Perspective", *Journal of Corporate Finance*, 2007, 13.

[46] Murad Antia, Christos Pantzalis, Jung Chul Park, "CEO Decision Horizon and Firm Performance: An Empirical Investigation", *Journal of Corporate Finance*, 2010, 16.

[47] Donghui Li, Fariborz Moshirian, "Corporate Governance or Global-

ization: What Getermines CEO Compensation in China?" *Research in International Business and Finance*, 2007, 21.

[48] Takao Kato, "Chief Executive Compensation and Corporate Groups in Japan: New Evidence From Micro Data", *International Journal of Industrial Organization*, 1997, 15.

[49] Takao Kato, Woochan Kim, "Executive Compensation, Firm Performance, and Chaebols in Korea: Evidence From New Panel Data", *Pacific - Basin Finance Journal*, 2007, 15.

[50] Sudipta Basu, Lee - Seok Hwang, "Corporate Governance, Top Executive Compensation and Firm Performance in Japan", *Pacific - Basin Finance Journal*, 2007, 15.

[51] Xianming Zhou, "Executive Compensation and Managerial Incentives: A Comparision between Canada and the United States", *Journal of Corporate Finance*, 1999, 5.

[52] Murad Antia, Christos Pantzalis, "CEO Decision Horizon and Firm Performance: An Empirical Investigation", *Journal of Corporate Finance*, 2010, 16.

[53] Lawrence D. Brown, Yen - Jung Le, "The Relation between Corporate Governance and CEOs' Equity Grants. J. Account", *Public Policy*, 2010, 29.

[54] Raihan Khan, Ravi Dharwadkar, "Institutional Ownership and CEO Compensation: A Longitudinal Examination", *Journal of Business Research*, 2005, 58.

[55] Biao Xie, Wallace N. Davidson III, "Earnings Management and Corporate Governance: The Role of the Board and the Audit Committee", *Journal of Corporate Finance*, 2003, 9.

[56] Rayna Brown, Neal Sarma, "CEO Overconfidence, CEO Dominance and Corporate Acquisition", *Journal of Economics and Business*, 2007, 59.

[57] James Nelson, "Corporate Governance Practices, CEO Characteris-

tics and Firm Performance", *Journal of Corporate Finance*, 2005, 11.

[58] Martin J. Conyon, "Corporate Governance and Executive Compensation", *International Journal of Industrial Organization*, 1997, 15.

[59] William R. Baber, Sok – Hyon Kang, Krishna R. Kumar, "Accounting Earnings and Executive Compensation: The Role of Earnings Persistence", *Journal of Accounting and Economics*, 1998, 25.

发表论文和参加科研情况说明

发表论文：

[1] 郑蕾、杜纲、仲红：《基于语言信息处理的大学生就业竞争力评价》，《山东社会科学》2010 年 6 月。

[2] 杜纲、郑蕾、张学涛：《山东省工业企业科技投入产出现状分析》，《东岳论丛》2011 年 4 月。

[3] 杜纲、郑蕾：《房地产行业高管背景特征与企业绩效关系实证研究》，《经济纵横》2011 年 8 月。

[4] 郑蕾、刘喜华：《保险资产管理公司的多变量最优激励合同》，《东岳论丛》2010 年 7 月。

[5] 郑蕾、杜纲：《基于因子分析方法的试题内容效度测量研究》，《山东社会科学》2011 年 9 月。

[6] 刘喜华、张晶、郑蕾：《我国城镇职工养老保险隐性债务的精算模型方法》，《青岛大学学报》（自然科学版）2008 年 1 月。

参加科研情况：

[1] 基于计算智能方法的企业经营监测预警问题研究——以银行为例（20040011）

[2] 城镇职工养老保险隐性债务与空帐规模测算——以山东省为例（KJS042）

致　谢

　　历经一年多的奋战，本书终成定稿，心中百感交集。本书选题来源于我对高管团队特征对企业绩效影响问题的兴趣，也是在与导师杜纲教授以及几个同学交流看法后自拟的博士毕业论文题目，由此希望尽自己的最大努力，研究出一些真正有现实意义的成果。虽然本书最后仍然存在一些不足和有待进一步深入研究的地方，但是它诞生过程中的阅读、思考、构思、写作、数据的收集、计算与分析等并不轻松，其间有过灵光乍现、兴奋不已，更多的时候则是思维纠结、痛苦和疲惫。值得庆幸的是我没有被这些困难所击垮，一路走来，我的导师、老师们、家人、同学和朋友都陪伴左右，帮助我，为我加油，让我自信、坚强、乐观地坚持到了最后，并且取得了今天圆满的结局。

　　首先，感谢我的导师杜纲教授，在本书出版过程中给予的大力支持。杜老师以严谨的治学态度和勤勉的工作态度教导我踏实求学，使我的知识层次不断提高，打牢了研究基础；在学术探讨中，她对问题高屋建瓴的把握和见解使我茅塞顿开，逐渐掌握了许多研究方法和研究思路。恩师对我的指导和影响之大，怎样言说都表达不尽，自己取得的点滴成绩无不凝聚着恩师的心血。生活中的杜老师，更是平易近人，对我工作的指导，家庭的关心，常带给我许多温暖和感动。凡此种种，学生铭记在心，唯有在将来的道路上更加勤勉努力，望能不负师恩。

　　再次，感谢林卫峰师兄、师弟李响、师弟陈陌，师弟刘敬祥、师弟张学涛、同宿舍的苏娜、王玻，好友温艳博士、尹琳琳博士、彭靖博士、孙继国博士等，他（她）们的关心和帮助，使我在学习和生活中不断得到友谊的温暖与关怀，精神上的激励、学术上的探讨与指点，让我非常感动、收益匪浅。

最后，特别要感谢我最亲爱的父母，我的点滴成长都离不开你们的关爱和付出。感谢对我的学习、工作和生活一直照顾有加的刘喜华教授，是我学业道路上的引路人。我的爱人一直对我支持与鼓励，可以说没有他在我身后默默地奉献，就没有我今天的所取得的成果。

在本书写作过程中的点点滴滴都将是我生命中的美好回忆。在今后新的征途上，无论面临多大的困难，我都将怀抱着感激、情谊、责任、期望与梦想，坚定、自信的走下去。

郑蕾

2014 年 12 月